/100位

为新中国成立作出突出贡献的英雄模范人物/

小 叶 丹

尚　笑　米小蓉/编著

★

吉林文史出版社

图书在版编目（CIP）数据

小叶丹 / 尚笑、米小蓉编著. -- 长春：吉林文史出版社，
2011.4（2022.4重印）
（100位为新中国成立作出突出贡献的英雄模范人物）
ISBN 978-7-5472-0499-3

Ⅰ．①小… Ⅱ．①尚… ②米… Ⅲ．①小叶丹（1894～1942）—
生平事迹 Ⅳ．①K825.2

中国版本图书馆CIP数据核字(2011)第049564号

小叶丹

XIAOYEDAN

编著/ 尚笑 米小蓉

选题策划/ 王尔立 责任编辑/ 王尔立

装帧设计/ 韩璘

出版发行/ 吉林文史出版社

地址/ 长春市福祉大路5788号 邮编/ 130118

电话/ 0431-81629363 传真/ 0431-86037589

印刷/ 天津海德伟业印务有限公司

版次/ 2011年4月第1版 2022年4月第6次印刷

开本/ 640mm×920mm 1/16

印张/ 9 字数/ 100千

书号/ ISBN 978-7-5472-0499-3

定价/ 29.80元

《100位为新中国成立作出突出贡献的英雄模范人物》丛书

★★★★★

编 委 会

/100位

为新中国成立作出突出贡献的英雄模范人物/

八女投江	于化虎	小叶丹	马本斋	马立训	方志敏
毛泽民	毛泽覃	王尔琢	王尽美	王克勤	王若飞
邓 萍	邓中夏	邓恩铭	韦拔群	冯 平	卢德铭
叶 挺	叶成焕	左 权	诺尔曼·白求恩		任常伦
关向应	刘老庄连	刘伯坚	刘志丹	刘胡兰	吉鸿昌
向警予	寻淮洲	戎冠秀	朱 瑞	江上青	江竹筠
许继慎	阮啸仙	何叔衡	佟麟阁	吴运铎	吴焕先
张太雷	张自忠	张学良	张思德	旷继勋	李 白
李 林	李大钊	李公朴	李兆麟	李硕勋	杨 殷
杨子荣	杨开慧	杨虎城	杨靖宇	杨闇公	萧楚女
苏兆征	邹韬奋	陈延年	陈树湘	陈嘉庚	陈潭秋
冼星海	周文雍、陈铁军夫妇		周逸群	明德英	林祥谦
罗亦农	罗忠毅	罗炳辉	郑律成	恽代英	段德昌
贺 英	赵一曼	赵世炎	赵尚志	赵博生	赵登禹
闻一多	埃德加·斯诺		夏明翰	格里戈里·库里申科	
狼牙山五壮士		聂 耳	郭俊卿	钱壮飞	黄公略
彭 湃	彭雪枫	董存瑞	董振堂	谢子长	鲁 迅
蔡和森	戴安澜	瞿秋白			

前　言

　　每个人的心中都多少有一点英雄情结，都向往英雄、景仰英雄。也正因此，在中华人民共和国建国六十周年之际，由中央十一部委联合组织开展的"100位为新中国成立作出突出贡献的英雄模范人物和100位新中国成立以来感动中国人物"的评选活动中，群众参与投票总数近一亿。这其中的每一张选票，都表达了人们对英雄模范的崇敬之情，寄托着对伟大祖国的美好祝福。

　　一个民族不能没有英雄，否则这个民族就不会强大。当国家危难之时，懦弱者选择了逃避、妥协甚至投降，英雄们却挺身而出，用热血捍卫民族的尊严，人民的幸福。在创立和建设新中国的伟大历程中，涌现出无数可歌可泣的英雄模范人物。他们之中，有为了民族独立和人民解放而英勇牺牲的革命先烈，有为了党和人民的事业而不懈奋斗的优秀共产党员，有在全民族抗战中顽强奋战、为国捐躯的爱国将士，有英勇杀敌的战斗英雄和革命群众，有积极从事进步活动的著名民主爱国人士和国际友人……他们是民族的脊梁、祖国的骄傲，是激励全体人民团结奋斗的精神力量。

　　《100位为新中国成立作出突出贡献的英雄模范人物传记》丛书，就像一部星光璀璨的英雄谱，真实、完整地记录了英雄模范人物不平凡的一生，再现了他们非凡的人格魅力和精神世界。"头颅可断腹可剖"的铁血将军杨靖宇，"毫不利己，专门利人"的白求恩，"抗战军人之魂"张自忠，"砍头不要紧"的夏明翰，"俯首甘为孺子牛"的文化斗士鲁迅……一串串闪光的名字，一个个动人的故事，犹如群星闪烁，光耀中华。

　　如今，战火已熄，硝烟已散，英雄已逝，我们沐浴在和平的幸福之中。在和平年代，人们不会忘记为今日的和平浴血奋战的英雄们，英雄的故事永远不会结束。让我们用英雄的故事唤醒我们心中的激情，为中华民族的伟大复兴而奋斗。

生平简介

　　小叶丹（果基约达，1894–1942），男，彝族，四川省冕宁县（今彝海乡）人。

　　小叶丹因熟悉本民族典故和习俗，成为本家支和当地有声望、有影响的彝族首领。1935 年 5 月，红军渡过金沙江进入四川凉山彝族地区，受到不明真相的彝族群众和彝族部族武装的阻挡。由于红军严格执行党的民族纪律，绝不向受苦受难的彝族同胞开枪，彝族首领小叶丹深受感动。他在亲自见到红军北上先遣队司令员刘伯承后，对红军更是深怀敬意，提出要与刘伯承司令员按照彝族习俗歃血为盟，刘伯承欣然应允。5 月 22 日，在山清水秀的彝海边，刘伯承与小叶丹举行了著名的彝海结盟仪式。红军授予他"中国夷民红军沽鸡支队"的旗帜，他派向导为红军带路。红军在他派出的向导带领下，顺利走出凉山彝族地区，直达安顺场，为红军大部队顺利过境创造了条件。彝海结盟是红军长征途中的一段佳话，是彝族人民对中国革命作出重大贡献的具体体现。红军过后，彝族人民受到国民党反动政府的疯狂报复和迫害。1942 年 6 月 18 日（农历五月初五），小叶丹遭到被国民党军队收买的部族武装伏击身亡。1950 年春，小叶丹夫人等亲属把保存下来的"中国夷民红军沽鸡支队"队旗献给人民政府。

1894-1942

[XIAOYEDAN]

◀ 小叶丹

目录 MULU

功不可没的人——小叶丹（代序）

　　在中国西南广袤凉山深处的月城西昌市中心，有一座雄伟的雕塑——彝海结盟纪念碑。这座纪念碑是由两个人物塑像组成——刘伯承和小叶丹。刘伯承是享誉世界的军事家，小叶丹是一位功不可没的彝族头人。

　　小叶丹功在何处？

　　小叶丹功在和刘伯承歃血为盟。

　　20世纪30年代还处于奴隶制的凉山彝族地区，由于历代反动统治阶级推行民族歧视、民族压迫和民族剥削政策，使彝族和汉族之间的民族矛盾十分尖锐，汉人包括军队在内，把进入彝区视为畏途。彝族人把汉人，尤其是汉人军队视为屠杀、掠夺、抢劫者；同时也把力量弱小的汉人，包括军队在内，作为抢劫财物、俘虏去当娃子（奴隶）的对象。当从江西中央革命根据地出发、经过长途征战、损失严重的红军到达彝区时，作为管辖一方的彝族头人（奴隶主）的小叶丹受党的民族政策的感召，不但不与红军为敌，还欣然和红军讲和，并答应与红军先遣队司令刘伯承歃血为盟，结为兄弟，不仅使红军避免了战事之忧，还扩大了红军。

　　小叶丹功在使红军避免了石达开太平军悲剧的重演。

　　红军进入凉山彝族地区时，蒋介石调集了十多万人马，策划了大渡河会战，企图将红军围歼于金沙江以北、大渡河以南地区，使红军重演五十多年前石达开太平军数万人在这一带全军覆灭的悲剧。然而，小叶丹派人护送红军顺利通过彝区，赢得了抢渡大渡河、飞夺泸定桥的战机，红军抢在国民党大部队到来之前渡过了天险大渡河，使蒋介石的图谋遭到失败。如果红军再延误两三天，国民党大部队赶到大渡河，红军就很有可能成为石达开第二。

小叶丹功在树立了民族团结的丰碑。

彝海结盟是我党我军实行民族平等、民族团结，尊重少数民族宗教信仰和风俗习惯的典型，是少数民族上层人士接受和拥护党的政治主张，接受党的领导，为中国革命胜利作出贡献的典范，是我党我军历史上民族平等、民族团结、军民团结的一座丰碑，具有重大的历史意义和现实意义。

让我们继承和发扬彝海结盟的光荣传统，努力增强民族团结，为振兴中华民族大家庭而共同奋斗！

凉山诞生地

（1894—1934）

➡ 凉山彝族的来历

★★★★★

　　小叶丹是四川凉山彝族人。位于四川凉山地区的彝族社会，直到新中国建立前还处于奴隶社会。彝族究竟是怎样一个民族？处于这样一个社会中的小叶丹为什么会成为中国革命史上功不可没的人？

　　彝族是我国56个民族里具有悠久历史和优秀传统文化的古老民族之一，主要居住在我国四川、云南、贵州和广西四省区以及北京市，在法国、美国、缅甸、泰国、越南和老挝等国家也有零星的彝族居住。据2000年全国人口普查数据显示，国内彝族人口共有770多万人。在全国少数民族人口排名中居第六位。目前，在我国西

△ 神奇的凉山

南云贵高原和青藏高原东南部边缘北岳高寒地带，共有凉山彝族自治州、楚雄彝族自治州、红河哈尼族彝族自治州三个自治州，峨边、峨山、宁蒗彝族自治县等十九个自治县以及若干非自治州和自治县内的若干个彝族乡镇的村社。整体分布呈小居、大分散的状态。从地理分布上看，北自大渡河、雅砻江和岷江中上游起，南抵云南省与越南等东南亚各国边境线上，东临乌江中游和麻江县，西到怒江中游两岸，都有彝族人民居住。

直到解放以前，彝族聚居区其社会发展还处于奴隶制度阶段。

彝族聚居的凉山地区，境内有属大雪山脉南支的锦屏山、牦牛山、鲁南山、小相岭、黄茅埂等山，多数山峰海拔超过4000米。高山深谷的相对高差达5633米。境内地貌复杂多样，地势西北高，东南低。高山、深谷、平原、盆地、丘陵相互交错，有海拔最高为5958米的木里县恰朗多吉峰，最低的雷波县大岩洞金沙江谷底305米，相对高差为5653米。山峰高耸，河谷深切，高低悬殊，不仅构成了特殊的地貌景观，也形成了我国罕见的亚热带干热河谷稀树草原景观。州内构造地貌发育充分，断裂带纵横交错，断块山、断陷盆地、断裂谷众多。断陷盆地内分布着河流冲积平原、冲积扇、丘陵、台地等，盆周为断块山，盆底与山顶相对高差可达1000米。盆周白山冰川地貌保存完好，发育典型，盆地内部冰川谷和岗垄比比皆是。地貌形态在垂直方向呈层状分布，既有多级剥夷面、多级阶地（如金沙江、雅砻江、安宁河等宽谷河段可见到4～6级阶地），也存在层状喀斯特溶洞，如雷波马湖溶洞、西昌仙人洞等），以及屡见不鲜的低海拔土壤被抬升到高海拔地区的奇观，如在木里海拔3000～3800米地带的典型的云杉、冷杉树林里随处可见古红壤。

彝族多数自称"诺苏"、"纳苏"、"聂苏"（或后面加"泼"，彝语意为"人"），由于彝族分布很广，历史上还有许多不同的自称和他称，据不完全统计，直到解放前夕，还有"纳罗泼"、"迷撒泼"、"濮拉泼"、"濮瓦泼"、"阿西泼"、"撒尼泼"等几十种。"诺苏"、"纳苏"、"聂苏"均为彝语，"诺"、"纳"、"聂"是各地方言语音差别所致，都是"黑"的意思（也有"虎"之意）。黑色在彝族人们的观念中包含有深、广、高、大、强、多、高贵、主体等意义，"苏"是群体、人们、家族的意思，"诺苏"（或"纳苏"、"聂苏"）意为"主体的民族"、"尚黑的民族"。1950年始，彝族选择了鼎彝的"彝"为共同的族称，替代了旧史籍文献中的"夷"字。

凉山彝族的来源，根据民间普遍传说，直系祖先为距今约两千年的古侯、曲涅两个原始部落。古侯、曲涅居住在滋滋蒲武，即今云南昭通一带，后迁入凉山，再扩散到四川各地。现在，凉山彝族在超度死者亡灵时，要请毕摩念《送魂经》，将死者灵魂送回祖先住地。分住凉山各地的彝族，首先将死者的灵魂送至昭觉，然后经布拖、金阳，渡金沙江到云南永善或者昭通，最后送达莫木蒲姑，意即祖先居住的地方。一般认为，这条送魂路线大体反映了凉山彝族的来源及迁徙路线。

彝族何时从滇东北进入凉山，历史文献缺乏直接记载。研究凉山彝族的谱系，古侯、曲涅的家谱最长达七十五六代，一般都有五十代以上。据《元史·地理志》记载，南昭据西（县名，今越西县）州后，置建昌府，"以乌、白二蛮实之"。此外，彝文古籍《公史篇》也有关于古侯、曲涅两系迁徙凉山的记载。综上所述，推测凉山彝族的直系祖先古侯、曲涅进入凉山的时间约为东晋康帝时期，距今大约一千六百多年。

据凉山彝族的各种传说和《送魂经》、《招魂经》等史料记载，彝族从滇东北进入凉山的路线，是从云南永善县的大屋基渡过金沙江，沿美姑河而上，到达凉山中心地带的利美莫姑（美姑），或再从美姑西行到达利美竹核（昭觉竹核）。然后，古侯向东，曲涅向西，沿着不同的方向在大小凉山定居下来。如今凉山彝族的家支分布，古侯在东、曲涅在西的原始轮廓仍依稀可见。这说明，古侯、曲涅是凉山彝族的主要支系。

也有人提出彝族先民进入凉山的时代可能更早。《后汉书·西羌传》说，在战国时期南迁的"旄牛种，越西羌"，就是彝语支各族的先民。汉晋文献所载东汉时期的"苏祁叟"便是其中的一支。蜀汉时期的"越叟帅"高定，《三国志》称之为"夷王"，便是他们中的大首领。凉山地区曾发掘一批板墓和大石墓，其时代大约在战国至东汉。当地彝族称这些墓葬为"濮苏乌乌"墓。凉山彝族说，濮苏乌乌是很早以前的凉山居民，当彝族先民来到凉山后，就与他们有过交往，共同生活了一段时间，后来这种人便绝了。由此可以推知，彝族先民进入凉山的时代，大致应与濮苏乌乌墓葬时代（即战国至东汉）相当。汉晋时期，原住凉山地区的濮人北逾大渡河进入严道、临邛，彝族的部分先民也在这时从滇黔大量进入凉山。《元史·地理志》在阔州载，仲牟由之裔名科者居此，应该就是在这时迁到凉山的东南部地区的。

从唐一直到明清，黔西、滇东北的彝族又有过数次向凉山大规模的迁徙活动。唐代是彝族先民再次向凉山大量迁移的时代，从唐朝开始，彝族已成为凉山地区的主要居民。明朝末年，明王朝镇压贵州水西土司安帮彦和永宁土司奢崇明，以及清朝初年吴三桂攻打水西和雍正年间云贵总督鄂尔泰在滇东北、黔西北强行"改土归流"，都导致滇黔地区一些彝族首领，带着所属臣民和奴隶"渡金沙江往四川"，形成滇黔彝族一再大批向凉山迁徙。从唐代到明清这个漫长的历史时期，彝族的先民是在不同的时间、不同的路线，陆续迁来凉山的。这些先后迁来凉山的彝族，与当地土著民族又不断融合、发展。

综上所述，现今凉山彝族的来源有两部分：一部分是氐羌南下过程中定居于该地的；另一部分是氐羌南下到达云南，唐代以后又逐渐北上该地的。在历史的长河中这两支渊源相同的氐羌人逐渐融合演变并吸收了其他一些部落，发展成为现今的凉山彝族。

三国时期建兴三年（225 年）蜀国丞相诸葛亮亲率大军南征，一举平息南中叛乱，其间发生了广为流传的七擒孟获的故事。后来《三国演义》以四万多字的篇幅，淋漓尽致地加以描写，进行惊人的艺术加工，以致妇孺尽知。一些彝族老人至今仍尊称诸葛亮为孔明先生。诸葛亮南征的凉山遗迹，多年来也传说种种。蜀汉的"南中"汉代称为"西南夷"，主要包括今云南、贵州西部和四川西南一带。东汉时南中设有四郡：永昌郡（行政中心在今云南保山）、益州郡（行政中心在今云南晋宁）、越嶲郡（行政中心在今四川

西昌)、牂牁郡(行政中心在今贵州黄平)。越
巂郡辖地为今凉山州、攀枝花市、宜宾地区
的屏山以及云南省的丽江地区和楚雄彝族自
治州的大姚、永仁。当时,蜀国对吴作战失败,
加之刘备一死,建兴一年(223年)南中诸郡
相继发生叛乱。先是益州郡大姓豪强雍闿杀
了蜀国派去的太守正昂,牂牁郡丞朱褒遥相
呼应。越巂郡的叟帅(少数民族首领)高定也
在杀了郡将焦璜后"举郡称王以叛"。安定后方,
以图中原,诸葛亮于建兴三年春(225年3月)
亲自率军南征。兵分三路:马忠率领东路军,
由川南僰道直驱牂牁,进攻朱褒;李诛率领
中路军攻打益州郡,袭取雍闿、孟获的老巢。
诸葛亮则亲统西路大军,作为南征的主力从
成都出发去安上(今屏山),会同当时住在安
上的越巂太守龚禄,再取水路入越巂。约定
三路兵马最后会师于益州郡之滇池。诸葛亮
出发时,曾任越巂太守、熟悉市中情况的马
谡送至数十里外,最后言之净净:"攻心为上,
攻城为下;心战为上,兵战为下。愿早服南人
之心,以收长治久安之效。"诸葛亮听了连连

点头，这一战略思想后来贯穿南征始终，一直为后世称道。

南征出兵不久，从滇东率兵西上援助高定的雍闿，因到迟了一步引起高定的怀疑，被高定部下杀死，于是孟获代替了雍闿。诸葛亮抓住时机，纵兵奋击，于卑水（今昭觉）与高定决战，斩了高定，收复了越巂郡。接着，五月渡泸（金沙江），乘胜追击逃回益州郡的孟获，孟获在盘江上游（今曲靖段）和诸葛亮展开决战，一战即被捉住。诸葛亮决心对这位深得夷、汉所服的孟获实行攻心，使其心服，真心归顺。于是，布列营阵，引着孟获参观了一番之后，问道："此军如何？"孟获回答："原本不知你们的虚实，所以打了败仗。今天承蒙赐观营阵，也不过如此，若是放我回去整兵再战打败你们也不难。"诸葛亮果然放了他。就这样，一连捉了七次，放了六次，最后一次"亮犹遣获"，孟获心悦诚服地说："公，天威也，南人不复反矣。"整个南征，从出兵算起，最多不过半年时间。南中安定后，孟获升迁到蜀汉中央任御史中丞，负责监察朝廷官吏，职权很大。诸葛亮统率西路大军，"五月渡泸"前在凉山的具体活动，史籍语焉不详，因此，诸葛亮南征的凉山遗迹，虽传说甚多，但依据甚少，尽管这样，从中仍可领略古代征战的境况，了解后世对诸葛亮的崇敬。

彝族是我国具有悠久历史和古老文化的民族之一，他们世代繁衍生息在群峰耸立、气势磅礴的康藏高原和云贵高原的东南部边缘地带。数千年来，彝族一直参加我国各种军事、政治、经济等活动，对于缔造我们伟大的祖国，维护统一，作出了巨大的贡献。

彝族先民自从祖国的西北迁到西南后，历代在西南地区先后建立了大大小小的许多地方政权，他们中大多数意识到西南边地与中原华夏是血肉相连、不可分割的关系，一

▷ 彝族武士们一身戎装，皮质的头盔、铠甲，护膝，锋利的腰刀，超长的长矛，武士装束彝族文化特色颇为鲜明，上面绣制了火与云彩的花纹，火是彝人的图腾，云彩是一种美好的想象。

向以"诸侯国"的名分，维护统一，称臣于中原王朝，如数以十计的西南夷君长与秦汉王朝，爨氏与晋王朝，南诏与唐王朝，罗甸水西与宋、元、明王朝。历史上维护统一的人物也屡见于史，如南诏王皮逻阁、阁逻凤、异牟寻等一心与唐王朝搞好关系，依附于唐王朝。明代水西奢香夫人识大义，忍辱负重反对分裂。近代，一些帝国主义分子和别有用心的文人等，鼓吹彝族是"独立罗罗"、"非中国人"、"是雅利安人种"，妄图阴谋分裂中华民族，都遭到了彝族人民的强烈反对。

在中华民族反帝反封建的近现代历史中，彝族人民前仆后继，英勇杀敌，为祖国的解放作出了卓越的贡献。公元1851年爆发的太平天国革命，彝族人民除直接参加太平军外，还在各彝族地区组织起大小规模不同的起义斗争。较大规模的有由彝族"彝家兵马大元帅"李文学领导的哀牢彝汉各族人民大起义，建立起农民政权，起义威震四方，使清朝统治者闻之丧胆，谈之色变。斗争一直持续了20年之久。

公元1900年云南昆明爆发反法斗争，师宗、陆良、大关、盐津等地彝族同胞纷纷响应，捣毁教堂，赶走帝国主义分子。公元1911年的辛亥革命斗争中，彝族人民也与其他各族人民一起，积极参加推翻封建帝制的斗争。如贵州彝族安健，早期接受革命思想，于公元1905年在日本留学时就在东京参加了中国同盟会，成为第一批同盟会会员。他多次回国参加斗争，曾参加过钦廉起义、河口起义、广州起义。在斗争中不畏艰险，英勇顽强，深受孙中山先生及革命志士们的赞扬。辛亥革命中，他返回贵州策动起义，为贵州辛亥革命的胜利作出了巨大贡献。

这么一个伟大的民族，聚居在大凉山的部分，在当时由于生产力和生产关系的落后，还是一个尚处在奴隶社会的民族。由于历代反动统治阶级一贯推行民族歧视和民族压迫政策，对彝族军事上征剿，政治上歧视，经济上掠夺，文化上同化，使彝族人民遭受了深重的苦难。国民党官僚地主经常利用彝族人民的朴实诚恳，对他们进行欺诈和剥削；国民党军阀的军队又经常对他们进行"剿讨"和抢掠。这一切，都引起了彝族人民对汉人的猜忌和敌视，种下了极深的成见。他们特别反对汉人的"官兵"入境。

→ 小叶丹出生于彝族木吉家

★★★★★

（0—20岁）

彝族人民在长期的社会生活中逐渐
形成了一套有趣而具有一定规律的姓名习
惯，从一个侧面曲折地反映了彝族的某些
传统习惯。彝族的姓氏颇多，不下千种。
据1991年布拖县少数民族语言文字委员
会所作的一项统计表明，单是布拖一个县，
境内就有彝族姓氏294种，数量之众由此
可见一斑。

彝族姓氏的一个重要特点是：有些
不同的姓氏可同属一个支系，同一姓氏又
可能分属不同支系。如:沙马、曲比、乃保、
阿约、吉木、阿力、赤、哈马等都属"海子"
支;阿黑、阿措、拖觉、阿苦、阿子、嘿哈、

火布、吉斯等都属"黑波"支。某些姓氏从字面和读音来看完全一样，但因所属的支系不同而具体含义也可能大相径庭。如：同是沙马，就有沙马曲比、沙马什衣；同是阿力，也有阿力赤、阿力威、阿力曲比、阿力曲术。他们之间没有一点儿关系，相互之间可以通婚，因而可看做是不同的姓氏。

追溯彝族姓氏的渊源，大致可以归纳为这么几种：一种以祖先的名字作后辈的姓，如吉克，原是祖先的名字，之后作为姓，再后来子孙不断繁衍，就有了阿约、尼色、吉木、吉补等姓氏。彝族自古实行父子连名制，祖先的名字逐渐演变成后代的姓，后代子孙繁衍多了，形成若干支系，后代的名字又逐渐演变成其子孙的姓。因此，虽然从字面看各是各的姓，按其家谱，却是同一支系。二是以职业或某种特点为姓，如乃古，意为能工巧匠、手艺人等。原来，这些手艺人和工匠，因为有一技在身，到处受人尊敬，而以此自诩，久而久之，所操职业便成了其代名词，后来又逐渐演化为姓氏。又如苏呷，原意为富有、富裕之人，由于这些富裕人家有一定的资财，有些势利之人为了讨好，巴结他们，便故意隐去其真名实姓，直呼其为苏呷，久而久之，也就成了一种姓氏。三是赤黑，原是一种统称，汉族或其他民族的人被人贩子卖到彝乡做奴隶，或彝族统治者出兵直接掠夺来做奴隶的，因为他们不是土生土长的彝族，没有彝族的姓氏，便统统称之为"赤黑"（意为狗肉），以示区别，后来"赤黑"一词也就逐渐成为一种姓氏。

彝族姓氏以两个音节组成的复姓居多，占彝族姓氏总数的百分之九十以上，单音节的比较少，没有三个或三个以上音节的姓氏。除少部分无确切的含义之外，大多数彝族姓氏均具有一定的含义，如：阿杜——狐狸；阿渣——喜鹊；阿纽——猴子。彝族不分男女老幼都有两个名字，即本名和小名，每个名字由两个或两个以上音节组成。一个完整的彝族姓名包括三个组成部分：姓氏、小名和本名，如阿措阿合友色，阿措是姓氏，阿合是小名即爱称，友色才是本名。

小叶丹的全名应为果基·木吉·叶丹，果基为家支名称，木吉为父名，叶丹为本名。为了与同名的叶丹相区别，于是加上"小"字。

→ 小叶丹成为家支头人

"走遍家支的地方可以不带干粮；依靠家支三代人都平安。"这是广泛流传在彝族地区的谚语。从这谚语不难看出家支在彝族社会中的重要性。

家支，彝语称为"措加"或"措西"。彝族的家支是彝族历史上以父系血缘为纽带建立的家族制度。在中华人民共和国成立前的凉山彝族奴隶社会中，这种制度在形式上具有奴隶制父系集团的外壳，并还残存着氏族组织的某些特点，但实质上已蜕变为适应奴隶社会经济基础的上层建筑，在没有统一政权的情况下，起着奴隶制政权的作用。在家支内部，严禁通婚，并以父子连名制的谱牒作为纽带联结起来的父系血缘集团。在这个集团中，随着人口的繁衍，按血缘关系的亲疏，分为若干大支和小支，小支之下，便是为数众多的个体家庭。家支对个体家庭和成员有一定的约束力，但家支成员彼此之间没有统治和隶属的关系。据统计，四川大、小凉山地区过去曾有130多个大大小小的黑彝家支。各个黑彝家支所管辖的地域大小不等，人口多少和势力强弱不一，但在政治上彼此互不统属。

黑彝家支在社会生活中主要有两种职能：一是对内职能，主要是维护黑彝等级特权和统治地位，协调黑彝各个个体家庭之间的平衡，加强内部团结，保障全体黑彝等级对各被统治等级成员的统治和剥削，镇压广大奴隶和劳动者的反抗；二是对外职能，主要是组织冤家械斗，血族复仇，向外掠夺奴隶、土地和其他财物，或防御来自其他家支的这种掠夺和袭击。黑彝家支对其成员利害攸关，互相结合十分紧密，所以黑彝成员一旦被家支开除，就意味着失去作为一个黑彝的一切等级特权和家支的天然保障。

彝族社会中被统治者一般称为白彝，其中的曲诺和部分阿加也有自己的家支，习惯上通称为"白彝家支"。在形式上和黑彝家支一样，也是父系血缘集团，也有父子连名制的谱系，也有大、小头人和家支会议。但由于白彝家支各户成员分别隶属于不同黑彝家支的统治，因此一般没有自己完整的管辖区。白彝家支尽管在组织本家支成员反抗黑彝统治、保障自身利益的斗争中，可以起到一些作用，但由于该家支各户成员分散隶属于各自的主子，实际上处于被统治、被奴役的地位。白彝家支头人已成为黑彝奴隶主对内剥削、镇压，对外掠夺的驯服工具。

从其他民族掠夺来的奴隶呷西和另一部分阿加没有家支，社会地位最为卑下。在彝族习惯法中甚至允许有家支的曲诺和阿加占有没有家支的阿加和呷西。如有家支的和没有家支的通婚，会受到社会舆论的鄙视。

家支除头人外，还有家支议事会。议事会分为"吉尔吉铁"和"蒙格"两种。凡是几个家支头人的小型议事会，或邀请有关家支成员商讨一般性问题的会议，称"吉尔吉铁"；家支全体成员大会称"蒙格"。"蒙格"由黑彝家支中有威望的头人主持，与会者都可以发表意见。当发生争执时，头人与老人的意见往往起决定性作用。凡经会议决定的事项，家支成员都得遵守。

小叶丹所属的果基(有的译为沽鸡)家支，是凉山彝族传说中的两个始祖之一的曲涅的后裔，是凉山地区最大的黑彝家支之一，原本居住于凉山腹地之中的普雄(今越西县境)一带，直到19世纪末叶其先人才辗转迁徙到拖乌彝族聚居区。

小叶丹就是果基家支的头人。

小叶丹兄弟六人，他排行第四，自幼性情倔强、豪爽，青年时代即善交际，重义气。由于处于贵族地位，耳濡目染，对彝族典故、典籍和习惯法非常熟悉，能言善辩，被当地彝族人视为"善于辞令的尊者"，成为当地彝族的政治代表、重大事件的裁决者之一。

⟶ 歃血盟誓

✦✦✦✦✦

　　歃血盟誓是彝族宗教仪式之一。凉山彝族的宗教信仰属于原始宗教范畴。其信仰主要有灵魂崇拜、祖先崇拜、灵物崇拜等。宗教活动的主持者有毕摩和苏尼两种。毕摩是指宗教活动中的祭司，即主持者。在彝语中，"毕"是举行宗教活动时祝赞诵经之意；"摩"意为长者或老师。毕摩宗教活动的内容主要有：玛都的（做灵牌）、撮毕（送灵牌）、孜摩毕（念平安经）、卓尼硕（念净宅经）、消布（念消咒经）、撮那固（念治病经）、里次日（念咒鬼经）、撮日（念咒仇敌经）、则土（念防备冰雹经）及主持结盟仪式和神判仪式等等。

　　歃血盟誓，凉山彝族社会在冤家械斗和解、家支间重大事件协商以及和外族交往中商定协议时，多采用这种方式加以约束。常用的盟誓方法有钻牛皮喝血酒和打鸡喝血酒两种。钻牛皮是凉山彝族具有浓厚宗教色彩的结盟仪式，多用在冤家械斗和解、双方或多方议定联合对敌或彝汉族之间订立互助盟约时举行。盟誓仪式举行时，盟誓各方各出一只鸡和若干斤酒，共出一头牛，各请一个毕摩共同主持赌咒盟誓。届时，毕摩要当众念诵各方共同议定的口头盟约条款，然后宣布，谁如果违背以上盟约，就要像牛和鸡一样死去。随即将牛和鸡打死，并剥下带有牛头、牛尾和四肢的牛皮，紧绷在一木架上，参加盟誓的各方代表则口念誓言，依次从牛皮下架下钻过之后，喝下渗有牛血、鸡血的酒，盟誓仪式即告结束。人们相信，如果违背誓约，是会受到神灵的惩罚的。所以，经过此仪式议定的事项，对参加盟誓各方都具有很大的约束力。

打鸡喝血酒盟誓的作用和程序与钻牛皮大体相同。区别在于打鸡喝血酒多用于个人之间的协议，参加的人少，只需当事人参加即可。进行这种仪式时，要一只鸡和一些酒，请一个毕摩主持。直到现在，在凉山彝族聚居地区的一些地方，在制定乡规民约时，还在采用这种方式。

火把节

★★★★★

　　火把节是凉山彝族最盛大的节日。彝族火把节,也就是彝族年。彝族人的眼里,火象征光明、正义、兴盛,象征着能够摧毁一切邪恶的强大力量。火把节是彝族人民欢乐、爱情和幸福的节日。

　　关于火把节的起源,各省的彝族地区民间流传着许多优美动听的故事,其中有一个故事说:很久以前,天上地下相通。有一年,天神思体古惹派思惹阿比到人间收税。由于人间闹灾害而歉收,人们交不起租税,人间有位能吃铜铁的大力士俄体拉巴把收税人思惹阿比打死了。天神大怒,先发洪水想淹殁地上的人类,但洪水被人们战胜了。天神又放出各种害虫到人间来吃百姓的庄稼，俄体拉巴和大伙儿围在火塘旁商量治虫的办法，无意中发现一只掉进火塘里的虫很快就被烧死了。于是，俄体拉巴就组织大伙儿举火把烧虫，最终战胜了虫害，夺得了丰收。久而久之相沿成俗，形成了彝族的火把节。彝族火把节一般都欢度三天，头一天阖家欢聚，吃酒祝贺。人们把牲畜肉煮熟后切成坨坨，祭祀神灵和祖先，然后用来下酒。晚上燃火把四处照燎，一般持续三个晚上，情绪十分热烈。人们以村寨为单位，高举火把绕着村寨和田地照燎，犹如千条火龙腾飞。第二天及第三天，火把节进入高潮，整个凉山沸腾了。小伙子穿上民族盛装，缠着有英雄结的头帕；妇女们穿着百褶裙，聚集在广阔的草坝上，进行各种传统的体育竞赛。小伙子们进行摔跤、赛马、射箭比赛，妇女们则唱歌、跳舞、弹口弦琴。

火把节期间，最热闹的地方要算斗牛场了。斗牛不仅是一种文娱活动，也是选择良种牛的好方式，对农业、畜牧业生产很有积极意义。比赛中谁的牛获胜，意味着该养牛青年是个勤劳的畜牧能手，也往往是姑娘们选择配偶的好对象。摔跤是火把节中另一项吸引观众的活动。两人摔跤，万众聚来，亲朋好友，都来助威。赛前赛后，围观的姑娘弹着口弦琴，小伙子弹着月琴，表示爱慕之情。

"选美"活动则独具风采。"选美"由一位德高望重的老年人任裁判。裁判宣布"选美"开始后，参加竞选的彝族姑娘就围成圆圈，后者拉着前者手中的花帕，边走边唱优美动人的民歌。这里围观的小伙子最多，也最慷慨。小伙子们觉得哪位姑娘最健美，就把早已准备好的礼物交给裁判，请裁判代为转交给那位姑娘。哪位姑娘收到的礼物最多，裁判就宣布她当选为美女。当选为美女的姑娘背着许多礼物，脸上带着红霞走出会场的时候，亲朋好友都围拢来表示祝贺；小伙子们更是围在姑娘的前后，叮叮咚咚地拨弹月琴，表述自己的心声。

　　第四天，由少数人将火把的灰渣扫起来，用酒肉祭祀，以祈吉祥。

红军长征到凉山

（1934年10月－1935年5月）

→ 被迫实行战略大转移

★★★★★

由于"左"倾错误路线的危害，使位于江西、湖南、福建相交地区中央苏区的中央红军，未能粉碎国民党军队的第五次"围剿"而被迫实行战略大转移——长征。

1933 年春，中国共产党的中央从上海搬到江西瑞金之后，"左"倾错误路线就在中央根据地内全面贯彻。他们极力排斥毛泽东等人的正确主张，对蒋介石以100 万人的军队发动的第五次"围剿"，作了完全错误的估计与分析。因此，在军事上开始是实行进攻中的冒险主义，主动进攻敌人坚固设防的阵地——黎川县的硝石和资溪桥。结果两战失利。失败之后，又被敌人的优势兵力和堡垒政策所吓倒，转而采取防御中的保守主义。他们采取分兵把口，处处设防，节节抵御，以阵地对阵地，以堡垒对堡垒，用短促突击的方法同敌人拼消耗，使红军陷于被动挨打的地位。

在这种情况下，毛泽东等人提议：红军主力应突进到浙江、江苏、福建、安徽等地区，开展武装斗争，将战略防御变为战略进攻，跳出碉堡圈子打，把敌人引出来，在运动中消灭敌人，这样既巩固了苏区，又可以开辟新的根据地，同时也援助了福建人民政府。但是，毛泽东等人的正确意见未被接受。

蒋介石在镇压了福建事变之后，立即抽回兵力，加紧进攻苏区。1934 年 4 月 28 日，占领了中央苏区的北大门——广昌。到了 9 月，苏区已很危险了。毛泽东为挽救革命，又提出可将主力向湖南推进，调动江西敌人至湖南而将其消灭的意见，但也没有被采纳。10 月上旬，敌人占领了石城。逼近了红色首都——瑞金。至此，除了战略转移以外，别无出路。

当时，中央军委关于转移的部署是：一军团和八军团为左翼；三军团和九军团为右翼；刘伯承所在的五军团担负全军的后卫掩护任务。进行战略转移的任务传达到五军团后，军团长董振堂和政委李卓然立即找到了刘伯承。虽然

△ 战略大转移（雕塑）

这时刘伯承只是五军团的参谋长，但在董振堂、李卓然的眼里，他仍旧是整个红军的总参谋长，对他十分尊重。当董振堂和李卓然把部队要进行转移的命令告诉刘伯承后，刘伯承轻叹了一声说："失败，这是早就预料到了的。按目前的形势也必须要转移，但不知道中央对于转移有什么具体的打算和部署。"

董振堂告诉他："中央军委的命令很简单，也比较含糊，只说了我们军团的后卫任务问题，对整个转移的目的、任务未讲。"

李卓然也说："中央的决定可能与目前的

严重敌情有关，有些具体问题恐怕还没来得及做进一步研究。"

刘伯承点了点头说："不管前一段情况如何，现在马上转移出去是必要的，因为许多时机已过，改变打法恐怕也不行了。现在我们转移到外线去，最起码可以把敌人调动开，发挥我军之优势。"

1934年10月16日，中央红军从福建的长汀、宁化和江西的瑞金、雩都等地出发，开始长征。部队越过雩都河，向二、六军团的活动方向湘西进军。

为了阻止红军的转移，蒋介石用重兵设置了三道封锁线进行阻止。第一道封锁线设在江西的安远、信丰和赣县、南雄之间的公路上，由广东军阀陈济棠部的三个师、两个旅扼守；第二道封锁线设在广东北部的仁化至湖南东南部的汝城之间，由湖南军阀何键部的两个旅、两个团防守；第三道封锁线设在粤汉路从株洲至韶关一段的路基上，由何键和陈济棠部的两个师又两个团共同防守。

进行战略转移的红军是一个包括庞大的后方机关在内，并且携带大批行李辎重的近十万人的队伍，要冲破蒋介石设置的这几道封锁线，是十分困难的。况且天上有飞机狂轰滥炸，后面有追兵死追不放，激烈的战斗每时每刻都在进行，部队行进速度很慢，伤亡惨重。

五军团为了保护中央机关和大部队不受追兵的袭击，经常与数倍于己的敌人展开生死搏斗，伤亡很大。特别是部队经过一个月的苦战，连续突破三道封锁线，西进快到湘西时，蒋介石发现了红军的意图，调集了 15 个师共 40 万人的兵力，沿湘江两岸构筑了第四道封锁线。这时，红军前有湘江天险阻拦，后有敌人的追击部队，处境十分危险。

　　"左"倾冒险主义者面对红军所处的险恶的形势，一筹莫展，只好命令红军死打硬拼。为确保中央机关通过第四道封锁线，竟然使用全部红军作甬道式的两侧掩护，保护中央机关。经过一次次血战，部队最后虽然渡过了湘江，突破了敌人的封锁线，但是红军也付出了极大的代价，由出发时的近八万多人减至三万多人。

　　对此，刘伯承十分痛心，他几次向中央军委反映，希望能很好地研究下一步的行动，再也不能硬碰硬了。他指出："如果我们不放弃原来的企图和作战原则，仍然采用正面直顶的笨战法，和优势的敌人打硬仗，弄不好就会有全军覆没的危险。"

　　这不仅是刘伯承一个人的看法，毛泽东等人对部队的行动方向及其战略战术也多次提出了意见。毛泽东建议放弃湘西会合计划，改向敌人力量薄弱的贵州遵义方向前进。他的建议得到了周恩来、朱德和军委大部分人的支持而获通过。

为了执行这一新的作战方针，许多人提议请刘伯承回来继续担任军委总参谋长。这个意见也被采纳了。刘伯承不久即回到了军委，参加长征的指挥工作。

聂荣臻所在的一军团部队，是 10 月 16 日以后离开瑞金以西的宽田、岭背等地，告别了根据地群众，跨过雩都河走向了长征之途的。

过雩都河时，正当夕阳西下，聂荣臻像许多红军指战员一样，心情非常沉重，不断地回头，凝望中央根据地的山山水水，告别在河边送别的战友和乡亲们。

行军时，一军团担任左翼的掩护。经过激战，突破了蒋介石设置的第一道封锁线。到达第二道封锁线时，一军团以奇袭方式夺取了城口。城口临河，河边有一座木桥，公路从桥上通过，此桥为唯一通道。敌人在桥上设有岗位。11 月 2 日晚，一军团的先头部队到达距桥头数百米处时，就被敌人发觉了。敌人喝令红军停止前进，红军佯称"自己人"，一面上前夺哨兵的枪，一面派部队涉河包抄，歼灭了这股敌人，突破了第二道封锁线。

在突破第三道封锁线时，聂荣臻与林彪发生了争吵。当时一军团受领的任务是要派一支部队控制粤汉铁路北约十多公里的制高点——九峰山，防备广东军阀先期占领粤汉线上的乐昌以后向红军发动袭击和堵截。可是林彪不执行军委命令，不占领九峰山，一直拣平原走，企图一下子冲过乐昌。他持的理由是敌人还没有到达乐昌。可是，尽管敌人还没到乐昌，可红军的两只脚怎么能跟敌人的车轮比呢？而且就算一军团跑过了乐昌，可还有中央机关在后面又怎么过呢？聂荣臻因此坚持必须执行军委命令，占领九峰山，保证后续部队安全通过。

聂荣臻坚持原则，寸步不让，林彪只得妥协。事实证明幸亏聂荣臻的坚持，才使红军避免了损失。11月6日下午3点，军团部到了麻坑圩，林彪亲自利用敌人的电话线，装作敌人的口气，和乐昌道上的民团团长通了一次电话。该民团团长告诉他，红军到了何处，他不知道；围追红军的粤军三个团开往九峰山去了。幸亏红军已抢先一步，占领了九峰山阵地。

12月14日，一军团攻克了贵州黎平。中央政治局在这里召开了一次重要会议，经过毛泽东同志的努力说服，中央政治局作出了关于在川黔边建立新根据地的决议，预定遵义为新根据地的中心。红军开始了伟大的战略转变。

1935 年 1 月 8 日，刘伯承接到军委主席朱德的电报："军委纵队明日进驻遵义，刘伯承兼任遵义警备司令，陈云任政委。"1 月 9 日，在遵义人民群众的热烈欢迎中，毛泽东、朱德、周恩来等率领的军委纵队进入遵义。

长征以来两个多月的行军作战，使红军广大指战员从实践中逐渐认识了"左"倾军事路线的错误和毛泽东军事路线的正确，热切希望毛泽东回到红军领导岗位上来。

大势所趋，人心所向。中共中央政治局

◁《红星》报

扩大会议在遵义新城一幢灰色的四坡顶的楼房里举行。参加会议的有中央政治局委员和政治局候补委员博古、周恩来、毛泽东、王稼祥、张闻天、陈云、刘少奇、朱德、邓发、凯丰，还有红军总政治部代主任李富春，总参谋长刘伯承，各军团的负责人林彪、聂荣臻、彭德怀、杨尚昆、董振堂、李卓然，党中央秘书长兼《红星》报主编邓小平，军事顾问李德以及李德的翻译伍修权。

会议总结了第五次反"围剿"战争失败的教训，批判了王明"左"倾冒险主义在军事上的错误，指出了他们取消集体领导、个人包办一切以及压制批评，大搞惩办主义的严重问题。会议改组了党和军队的领导，解除了博古的总书记职务和李德的军事指挥权。选举张闻天为总书记，毛泽东为政治局常委并参加书记处。参加书记处的还有周恩来、王稼祥、博古。接着又成立了以毛泽东为首，有周恩来、王稼祥参加的三人军事指挥小组，负责指挥全军的行动。从而结束了王明"左"倾错误在党内的统治，确立了毛泽东在红军和党中央的领导地位。整个会议期间，刘伯承心情舒畅，他曾几次发言，批评"左"倾冒险主义在军事上的错误，支持毛泽东关于积极防御、实现从阵地战转变为运动战的正确方针。

聂荣臻在会上也作了发言。他一提起李德的瞎指挥就十分生气。他说："李德对部队一个军事哨应放在什么位置，一门迫击炮放在什么位置这一类连我们军团指挥员一般都不过问的事，他都横加干涉。"

对于红军今后的行动方向，聂荣臻和刘伯承建议，应当打过长江去，到川西北去建立根据地，因为四川条件比贵州要好得多。贵州人烟稀少，少数民族又多，红军原来在贵州又毫无工作基础，要想在这里建立根据地实在是太困难了。而到四川，一来有四方面军的川陕根据地可以接应；二来四川是西南首富，人烟稠密，只要我们站稳脚跟，就可以大有作为；三来四川对外交通不便，当地军阀又长期有排外思想，蒋介石想往四川大量调兵不容易。会议接受了聂荣臻和刘伯承的建议。

→ 北渡金沙到凉山

★★★★★

　　遵义会议确立毛泽东在党中央的领导之后，毛泽东主持军委工作，刘伯承在军委三人军事指挥小组的直接领导下，协助指挥红军的行军和作战。这时，从红军内部的情况看，形势已经有了根本的好转。但就整个形势来说，敌情仍然十分严重。

　　蒋介石调集了一百五十多个团，四十多万人的军队，开始合围中央红军。红军面临的最大问题是：如果不能摆脱这几十万国民党大军的围追堵截，就不能保住中央和中央红军，当然也就谈不到以后的胜利和发展。

　　在这紧急关头，毛泽东充分施展了

他的杰出的军事指挥艺术。1月19日，中央红军离开遵义，冲破敌人的围追堵截，西渡赤水，到达川南叙永和古蔺地区，准备在泸州、宜宾之间北渡长江，进入四川，与战斗在川陕革命根据地的红四方面军会师，开创中国革命新局面。

蒋介石估计到红军可能要北渡长江，命令原围追红军的国民党军队加紧围追外，又急调川军一切兵力在赤水、古蔺、叙永地区布防阻止，封锁了长江。

毛泽东分析了蒋介石的军事部署情况后，和周恩来、朱德、刘伯承等人研究决定，暂缓执行北渡长江的计划，改在川、滇、黔边地区机动作战。命令红军由叙永、古蔺地区折向云南东北部的扎西集结待命。2月8日前后，红军陆续进抵扎西。在扎西，中央军委召开了扩大会议，刘伯承参加了这次会议，并参与了部队的作战部署。2月10日，中央红军颁布了《关于各军缩编的命令》，随后部队开始整编和整训，并扩充了部分红军，进一步提高了部队的机动作战能力。这时，蒋介石仍然判断红军要北渡长江，命各路敌军包围扎西。当敌军接近扎西时，毛泽东根据黔北贵州军阀王家烈部较弱的情况，出敌不意，挥师东进，乘虚直插贵州，二渡赤水，进行了遵义战役，歼灭和击溃了敌人两个师又八个团，取得了长征以来的第一次重大胜利，打掉了敌人的气焰，大长了红军的士气。

遵义战役结束后，为了加强作战指挥，中央军委成立了前敌司令部，刘伯承参加了前敌司令部的领导工作，直接参与这一时期红军的作战指挥。此时，蒋介石亲自飞抵重庆督战，妄图以堡垒战术与重兵进攻相结合的战法，采取南守北攻的方针，压迫红军于遵义地区而歼灭之。毛泽东、周恩来、朱德、刘伯承研究后决定将计就计，故意在遵义地区徘徊，诱敌围集。但当敌人逐渐接近红军，包围圈将成未成之际，红军突然北进，于3月16日开始在茅台三渡赤水，准备再入川南。

红军三渡赤水，实际是一次全军的佯动，一切行动完全公开，即使看到敌人的侦察机，也毫不隐蔽，故意让敌军知道。红军西渡赤水之后，进入川南古蔺境内，便分兵一部伪装主力大张旗鼓地西进，公开摆出北渡长江的姿态，以迷惑敌人，大部队则在附近山沟森林中隐蔽集结，待机行动。西进的红军部队在向古蔺县城进军途中，路过镇龙山时，与驻守的川军发生遭遇战，打得他们措手不及，狼狈逃窜，误以为遇到了红军主力。

这些"情报"汇集在一起，造成了蒋介石的错误判断，他认定红军必然西进川南，由此北渡长江无疑。于是急令中央军和川、黔、滇军火速向川南地区进发，以合力"进剿"，妄图消灭中央红军于川南地区。

然而，正当蒋介石的注意力被吸引到川南古蔺地区，调兵遣将，做着"聚歼"红军于川南的美梦时，毛泽东却趁贵州和云南敌军空虚之际，出其不意地挥师东下，四渡赤水，再返黔北。

3月21日，红军先头部队带上全部工兵连，夺取太平渡、林滩两个渡口，各架两座浮桥等候；同时留小部分红军佯装主力，在镇龙山一带向古蔺游击，以继续迷惑敌人。如果说红军三渡赤水是公开的，是故意让敌人知道，以造成敌人的错误判断，那么红军四渡赤水则是秘密的，是绝对不能让敌人知道的，以免其觉察红军的真正意图。因此，红军这次东渡赤水，组织工作十分严密细致，一切行动非常隐蔽，真正做到了毛泽东要求的"秘密、迅速、坚决、出奇不备"。

3月21日晚至22日上午，红军全部渡过了赤水河，秘密而神速地抵达黔北。等蒋介石的大军集结川南时，红军早已全部撤离。以致蒋军将领牢骚满腹地说："红军拐个弯，国军跑得脚板翻。"蒋介石"聚歼"中央红军的黄粱美梦又一次破灭。

一渡赤水后，毛泽东率领红军，第一次踏上了四川的土地。这支由中国共产党领导的人民子弟兵，给四川父老留下的第一个印象，就是军纪严明，秋毫无犯。使他们深切地感受到红军是完全不同于一切军阀队伍的一支革命的部队，不仅解除了由于反革命宣传所造成的疑虑，而且积极支援红军，使军民之间结下了深厚的鱼水情。

红军渡过赤水河后，便以锐不可当之势，转战于古蔺、叙永一带的川南广大地区。由于连日的急行军，部队后勤工作一时跟不上，粮食供应十分困难，好多天都没有好好吃过一顿饭了。红军战士尽管饥饿疲劳，但都严格遵守群众纪律，对老百姓秋毫无犯。

在古蔺地区的不少村镇，由于当地老百姓听信了反动宣传，都弃家逃跑了，家里空无一人，红军无法筹集粮食。当有的红军走进有些老乡家里时，发现坛子里还盛着粮食，又无从找到主人购买，只得取用后按价付钱，并在钱下面留了字条。

在川南传诵着这样一件事：一位老乡刚煮上稀饭便听说有"大兵"来了，由于军阀部队骚扰，老百姓对当兵的又恨又怕，便仓皇逃匿。当红军过境后，他回到家里，一揭开锅，稀饭是没有了，但却发现锅里放着铜元和一张字条，字条是用民歌体裁写的，还十分押韵上口：

你们不在家，

锅里稀饭我吃啦。

开你铜钱二百文，

放在铁锅内，

到屋请收下。

——红军战士

当老乡看完这张字条，捧着二百文铜钱，内心激动不已，双手不断抖动着说："这样好的队伍，我们祖祖辈辈都没有听说过啊！"

像这样动人的事例，在红军转战川南的过程中是屡见不鲜的。这充分体现了人民子弟兵恪守毛泽东亲自制订的"三大纪律，八

▽ 一渡赤水渡口之土城场

项注意"，一切从人民利益出发，丝毫不损害群众利益，高度关心人民疾苦，与人民群众血肉相连的人民军队的本色，因而很快得到了川南各族人民的理解和信任，得到了广大工农群众的竭诚拥护和支援。

红军长征一进入四川地区，就给四川各族人民留下了深刻的印象。

红军四渡赤水之后，把数十万敌人丢开，掉头南下。红军除留九军团在乌江北岸迷惑敌人外，全部南渡乌江，进军云南，准备北渡金沙江。

金沙江是长江的上游，从西康经云南流入四川。江水从深山峡谷中流过，水深流急，地势险要。既不能徒涉，又无法架桥，只能靠船摆渡。这时，蒋介石似乎又发现了红军的企图，天天派飞机在红军队伍上空转，并且命金沙江北岸的部队全力以赴占领金沙江各渡口，封锁金沙江，其他围追红军的部队都向金沙江边收拢。

摆在红军面前的局势是严峻的，弄不好仍有被敌人压在这一带消灭的危险。

鉴于以上情况，中央军委于4月29日下令红一军团抢占龙街渡，红三军团抢占洪门渡，中央军委干部团抢占皎平渡，可是由于缺乏实地考察，一军团进至龙街渡时，因江面太宽，加上地形有利于飞机低空骚扰而无法渡江；三军

△ 金沙江

团在洪门渡因水流太急，渡江未成。希望只有皎平渡了。

毛泽东对这次行动非常重视，为了加强对抢占金沙江渡口的领导，保证全军顺利渡江，决定由具有丰富战斗经验的刘伯承来担任先遣部队司令员，直接指挥干部团。

根据刘伯承的命令，先遣营一律去掉帽徽等红军标记，伪装成国民党军队，爬山越岭直插江边，路不好走，为找一个向导，竟意外地抓到一个给守江的敌人传送命令的肥头大耳的胖子。他误认为红军是自己人，便实话实说，他是要传达防备"共军"过江，烧掉渡船的命令。等他知道面前的竟是红军时，顿时吓得呆若木鸡。

刘伯承立即命令先遣队轻装前进，猛扑江岸，抢夺船只，控制渡口，伺机渡江。

先遣队赶到江边，并没发现敌人，只是看到江边停着两只小船。原来这是敌人两支过江来侦察情况的船。先遣队的侦察员走到江边时，敌人的船夫还以为是自己上岸侦察的人回来了，丝毫没有在意，直到红军侦察员的枪口对准了他们的胸口，方知当了红军的俘虏。

从俘虏口中了解到对岸镇子上驻有国民党正规军一个连，另外有一个管税收的厘金局和三四十名保安队员。由于敌人还没估计到红军会这么快赶到，因此戒备不严。

"天赐良机！"刘伯承果断地命令先遣队迅速渡江。两个排登船向对岸划去，岸上的敌人哨兵以为是自己的船，根本没在意。船很快靠岸了，敌人的哨兵也跟着成了红军的俘虏。

经过干部团的努力和当地群众的支持，红军又从上游和下游收集了七只小船，加强了运输力量。为了更好地渡江，刘伯承召集有关人员组织了渡江委员会，指挥整个部队渡江。并派人到附近村庄，雇请和动员了一批内行的船家帮助摆渡。整个渡江工作井然有序。

5月3日，毛泽东、周恩来和朱德等人过了江。他们倍加赞赏刘伯承指挥渡江战斗的巧妙和组织渡江工作有方。毛泽东高兴地说："前几天，我们一些同志还担心，怕我们渡不过江去，被人家挤上绝路。当时我就对恩来、朱德同志说，没关系，四川人说刘伯承是条龙下凡，江水怎么挡得住龙呢？他会把我们带过去的。"

　　在红军渡过金沙江期间，毛泽东一面关注着部队渡江，一面搜集材料了解和分析红军渡江后继续北上的地理、民情和敌军部署情况。他首先从刘伯承处了解到先遣部队抢占金沙江北岸据点通安镇的情况。通安镇是一个不大的小街镇，它居高临下，地势险要，占据这个高地，就可以直接控制住皎平渡口，是会理县城的南大门。

　　干部团占领皎平渡后，刘伯承等马上命令干部团陈赓团长带着先遣队大部分主力向通安进发。他说："不惜一切牺牲，必须坚决把通安镇拿下来，保证掩护全军安全渡江。"从江边到通安，只有一条很陡很窄的山间小路，盘旋在悬崖峭壁上，有的路段仅能容一人通过，一面临深谷，一面靠绝壁，真有"一夫当关，万夫莫开"之势。在狮子山，敌我双方展开了激战，红军冒着敌人的枪弹和从山上滚下的巨石，勇敢地冲上了山顶，击溃了守军，占领了狮子山。接着又打退了增援敌军，乘胜追击，拿下了通安镇。通安镇的占领为部队安全渡江提供了有力的保证，同时又为进攻会理县城做好了准备。

在红军全部过江，到达川西南的会理地区的第二天，敌人的大队人马才千里迢迢地赶到皎平渡南岸。但是红军已经毁船封江，远走高飞，无影无踪。敌人只好望江兴叹，无可奈何。

在这一轮较量中，蒋介石输给了毛泽东。

从5月3日起到9日晚，前后七天七夜，中央红军几万人马，安全渡过了天险金沙江，创造了军事史上的又一个奇迹。至此，中央红军摆脱了几十万敌军的围追堵截，实现了北渡长江，进入四川的战略目标，取得了战略转移中具有决定意义的重大胜利。

只不过党中央率领的中央红军不是在宜宾、泸州间渡过长江进入四川南部，而是在云南、四川交界处的皎平渡渡过长江的主要干流金沙江进入四川西南部的凉山地区，也就是进入了彝族地区。

彝海结盟

（1935年5月）

→ 蒋介石部署围歼红军的大渡河会战

★★★★★

　　小叶丹和刘伯承在彝海歃血为盟，护送红军顺利通过彝族聚居区，使红军赢得了抢渡大渡河、飞夺泸定桥的宝贵时间，避免了成为"石达开第二"的危险。彝海结盟成为中国革命历史上的佳话，小叶丹也成为"功不可没"的人。

　　蒋介石并不认输，也不甘心失败，在红军渡过金沙江，进入四川凉山地区后，赶紧调兵遣将，部署大渡河会战，企图将中央红军围歼于金沙江以北、大渡河以南，要使毛泽东成为第二个石达开。毛泽东和蒋介石展开了新一轮较量。

中央红军进入凉山地区不久，国民党"追剿"军已赶到金沙江南岸。1935年5月中旬，蒋介石飞抵昆明，判断红军的行动方向，可能是向大渡河前进，与红四方面军会合。他也深知，中央红军只要渡过大渡河，就再没有什么大江大河的天然屏障能够阻挡红军前进的道路。中央红军如果与红四方面军会合，红军将如虎添翼，要消灭红军就难上加难了。因此，蒋介石便制定了一个企图将中央红军彻底消灭于大渡河以南的战役作战计划。他调集中央军和川滇黔军十多万人马，继续对中央红军实行围追堵截。他命令在云南进行"追剿"的中央军迅速过金沙江，在川军的配合下，围歼中央红军于金沙江以北、大渡河以南、雅砻江以东地区。同时命令在川各军务必固守会理、西昌，并沿大渡河筑碉防守，严防红军北进；同时沿雅砻江西岸筑碉防守，阻止红军西进；"追剿"军与川军各部形成封锁线，严堵红军南返。这便是蒋介石的如意算盘——歼灭中央红军的"大渡河会战"计划。蒋介石致电其各部称："大渡河是太平天国石达开大军覆灭之地，今共军入此汉彝杂处、一线中通、江河阻隔、地形险要、给养困难的绝地，必步石军覆辙，希各军师长鼓励所部建立殊勋。"看来，蒋介石这次是踌躇满志，志在必得。

原来，在72年前的1863年，也是在5月，太平天国

△ 泸定桥上铁锁寒

的著名将领、翼王石达开曾率数万大军，到达大渡河的紫打地 (今安顺场)，就是被大渡河所阻。清军勾结当地少数民族统治者对石达开的部队围追堵截，致使石达开及其部队进退无路，辎重全失，妻儿七人投入大渡河，全军覆没，石达开为四川总督骆秉章所获，被害于成都。

5 月 10 日，蒋介石从贵阳飞抵昆明，以便就近督促各路人马围攻红军。他还给其部下打气说：红军此次进入凉山大渡河地带，此乃我军聚而歼之的大好时机，各部官兵，人人洞悉 72 年前石达开率师八十万尚败亡在这里的故事。又说红军的形势更比石达开困难，尤望各军师长人人效法当年骆秉章生擒石达开的壮志，立即率部围击，在大渡河夹击红军，予以聚歼。

其实，历史记载非常清楚，石达开率部到达大渡河畔时，仅有四万太平军将士。而蒋介石为了提高部下在大渡河地域歼灭红军的信心，竟然不惜编造历史，把在大渡河失败的四万军队夸大为八十万。

为保证围歼毛泽东红军战略目的的实现，蒋介石一方面命令尾追红军的十万国民党军队迅速渡过金沙江，分几路向红军夹击，企图迫使红军向大渡河靠近；另一方面命令前头截击红军的国民党军队，迅速集结于大渡河北岸，企图凭天险之河而扼守，将红军消灭于大渡河之南。为使红军无法渡过大渡河，蒋介石还命令守大渡河的部队：收缴南岸渡河的船只以及渡河材料，全部集中于北岸；搜集南岸民间粮食，运送北岸，实行坚壁清野；扫清射界，如南岸居民房屋可资红军利用掩护其接近河岸者，悉数加以焚烧。

蒋介石摆好了他的阵式，满以为太平军和石达开的历史悲剧，将在红军和毛泽东的身上重演。

→ 红军决定过彝区

★★★★★

为了粉碎蒋介石国民党军队围歼红军的图谋，抢时间北渡大渡河，毛泽东决定红军过彝区。

红军渡过金沙江到达凉山地区后，遇到的第一座县城就是会理城。会理是古城，始建于公元 15 世纪的明朝，距皎平渡约五十余公里。这里地势平坦，县城则顺势而建，故有"船城"之称，离城数里即为山区。城边有 300 年前挖成的又宽又深的护城河，两道城墙又高又结实，是一座易守难攻的城池。

毛泽东认为中央红军数月来连日征战，亟待休整补充，如果打开了会理城，对部队的休整补充会大有好处，即使打不开，也可转移敌人的注意力，而让大部分红军获得休整机会。于是，决定由彭德怀任军团长和红三军团攻占会理城。

红三军团于5月7日抵达会理附近，8日占领城外东山寺、西山寺等制高点，9日进入外城，完成了对整个会理城的包围。10日晚，红三军团军团长彭德怀以第十、十一和十二团三个团的兵力发动进攻。攻城部队打进了东、西城门，而未能攻破第二道城墙。守城敌军进行拼死抵抗。他们用烧得滚烫的稀粥和开水泼向正沿着竹梯往上爬的红军头上，用浸透煤油的棉花引火烧掉城下的民房，大火阻止了红军的攻城行动。激战至拂晓，红军奉命撤出战斗。

强攻不下，红军遂改由工兵进行地道作业，采用炸城的办法。11日至13日，两支工兵部队分别在东关和西关秘密地挖掘地道。14日晚，打响了爆破会理城的战斗。在城的西北方向发出一声巨大的爆炸声，城墙被炸开一个不大的缺口。红军趁势发起冲锋，双方展开了激烈的拼杀。与此同时，在城的东北方向也进行了爆破，但爆破未获成功，因敌人早已觉察，往坑道中灌了水。这样，红军仍未攻下会理城。

红三军团攻城之际，毛泽东还命令红一军团集结在大湾营、大桥、白云岩一带，对西昌方向警戒；红五军团集结在户保、杉松坡一带，向东北方向警戒；干部团集结在景庄、沙坝一带；军委纵队开始驻朱家坝，后移铁厂。毛泽东仅以少部红军去攻会理，目的是让大部红军得以休整，并非志在必得。否则，弹丸之地的会理城，焉能不为红军所攻破。

攻会理之战转移了敌人的注意力，红军各部队利用这段极为难得的机会进行休整，除了要解决部队内部的一些事务，使广大指战员得以养精蓄锐之外，还根据毛泽东和中央军委的指示，抓住时机派出部分人员去向群众做宣传工作和组织群众工作。宣传队在墙上书写大幅的革命标语和口号，在街头和村里召开群众大会，向他们宣传共产党和红军的主张，讲解革命的道理，迅速地取得了广大群众的信任和拥护。

在此基础上，红军便在通安、彰冠、南阁、东坝、积水、会理城北关、四宗等村镇，帮助当地的贫苦农民组建起贫民团和赤卫队。在通安，群众组织了有一百多人的武装。在会理中区鹿厂，也组织了一支有一百多人的游击大队。红三军团在撤离会理前又组建了一支一百多人的游击队。这支游击队曾随红军北上，以后又返回会理地区坚持游击战争，这是红军在会理播下的革命火种。

在红军和当地贫农团的组织领导下，各村镇的贫苦群众开展了"打土豪"、"打财富"的革命活动，没收了地主官僚家大量的粮食、衣物、金银和枪支等物资，除了保证红军的补给外，全部都分给了群众。红军所到之地，尽是一派欢歌笑语的革命景象。

红军通过广泛的宣传和发动，不仅取得了群众的信任，而且使群众从切身的体会中认识到："只有红军的道路，才是解放穷苦百姓的道路。"所以当红军向群众宣传动员参加红军时，便得到了积极的响应，许多青年都踊跃地报名参加红军。仅5天时间，就有5000人加入红军，实现了红军总部规定的招募红军新兵的计划。这是一支了不起的新生力量，对因长期作战而严重减员的中央红军，是一个极大的补充。

在少部红军激战于会理城下和大部红军集结于会理进行休整的期间，毛泽东决定召开一次政治局扩大会议。

遵义会议解决了党的路线和党的主要领导人的问题。但是，自红军离开遵义，转战川滇黔，直到进入四川会理的三个多月之中，

在红军部队以及部队高级干部中，对毛泽东的军事战略战术有些不同的看法，对今后的行动方针也有一些不同的意见。

5月12日下午，政治局扩大会议在距会理城数里之遥的一个小山村召开。出席会议的有张闻天、周恩来、毛泽东、朱德、陈云、博古、王稼祥、邓发、刘少奇、凯丰、刘伯承、林彪、聂荣臻、彭德怀、杨尚昆等。

遵义会议后，虽然党和红军得到了挽救，但很多困难不是一时可以解决的。部队仍在不停息地转战中，始终得不到休整和补充。蒋介石以几十万大军，在红军前进的道路上一次又一次地布下陷阱和罗网，企图将红军围而歼之。这使毛泽东不得不一次又一次地改变原定战略方针和行动计划，随机应变、灵活机动地穿插迂回于敌人大军之间，寻找和创造机会，以摆脱危机，跳出敌人的包围圈，争取主动权，尽快地实现新的战略方针，建立起一个新的革命根据地。

在这个过程中，部队不得不时而向东，时而向西，刚刚开进，又立即回攻，又要行军，又要打仗，确是"朝令而夕改"。一些体质较弱或有伤病的红军战士，遇上部队长距离的强行军，因跟不上部队而掉队，有的牺牲，有的成了敌人的俘虏。但是，有着高度政治觉悟和坚强纪律性的红军指战员们，硬是挺了过来。当红军到达会理时，他们已是衣衫褴褛，疲惫不堪。

在中央红军中，江西人和湖南人很多，他们从江西走到四川的边远山区，觉得周围的一切都很陌生，茫然不知所措。他们不会讲四川话，更担心再也找不到回江西或湖南老家的路了。他们最为关切的问题是：到底要到哪里去？有什么计划和打算？

在这种情况下，毛泽东主持召开会理政治局扩大会议，正确地分析了遵义会议以来的情况，对取得的成绩和胜利作了充分的肯定和高度的评价，并继续执行通过凉山，抢渡大渡河，北上与红四方面军会师的战略方针。会议认真地研究和深入地分析了当前党内和红军中的思想状况，对于存在的一些错误思想和意见，也进行了严肃的批评。彭德怀、周恩来、朱德等都在会上发了言，支持毛泽东的意见，称赞毛泽东的军事指挥才能。

会理会议统一了中央领导层和中央红军高层领导的思想，这就为红军过彝区，抢渡大渡河，粉碎蒋介石围歼红军的阴谋，尽快北上与红四方面军会师从思想上和组织上创造了条件。

⊙→ "红军卡沙沙！" "红军瓦瓦苦！"

★★★★★

当红军离开会理，前往冕宁准备飞越天险大渡河的时候，途经越西县城，发现越西县城一片凄凉景象：许多人家被抢劫过，房屋被毁了，没毁的也被打坏，门敞开着；侥幸没受灾的人家怕遭横祸，关

△ 红军长征过彝区时参加红军到达陕北的部分彝族战士

门闭户，街上很难碰着行人。满地是碎瓦片、破木板、谷草、布巾……

这是怎么一回事呢？

原来，一年前，越西县的彝民和汉族穷苦老百姓，实在受不了国民党反动政府和地方军阀的残酷统治和剥削，联合了四千多人，在海棠、王家塘、保安三个区同时举行暴动，消灭了军阀部队的三个连，并围城三天。不料在刚攻破越西县城的时候，敌人从西昌派来了增援部队，把起义队伍打败了。起义者被迫隐藏在城外东山森林里，过了一年野人般的生活。

1935 年 5 月，人们都传说着红军要来了。有人说红军是专整国民党和财主们，为天下穷人办好事的；也有说红军是杀人放火的……这些消息传到躲在山上的起义者耳中，他们想，难道世上真有专整国民党，替受苦人出气的队伍吗？如果真有，干脆就下山去帮助红军打国民党，出出这口气。于是，他们就下山回到了城里，发觉国民党军队已逃跑了。

早晨，他们正在一家铺子里询问红军的消息，忽然，远处传来哒哒的马蹄声。大家探头一看，来了五匹马。马上是五位雄赳赳的小伙子，穿着灰布制服，戴八角有遮檐的帽子，上缀一颗红五星，脚上穿草鞋，肩上挎着步枪，子弹袋横缠腰间，别有一种英武气概。这五位军人一见他们，老远就下了马，笑呵呵地走过来打招呼："老乡，你们受惊了！"

"老乡"起初都愣了一下，后来见人家怪亲热的，也就迎了上去。

"老乡们，不要怕，我们是红军，是专为各族人民办事、消灭国民党反动军队的。"

"啊！红军！"彝族老乡不约而同惊奇地应了一声。看着红军战士和蔼的样子，就把他们围住了，大家拉着手，彼此细细地看着。红军看老乡头上的"天菩萨"（头上盘的一缕头发）和身上穿的察尔瓦（羊毛织的披衫），老乡看红军头上的那颗红星。

"我们听说这里的老乡们，尤其是彝胞受反动派压迫很重。敌人逃跑的时候还造了些谣言，使老乡们担惊受怕了。希望大家该做啥的还做啥。我们队伍要在这里住几天，保证老乡们不受任何损失。"说完，一齐笑呵呵地和大家握了握手，便由许多闻风而来的人们簇拥着，到其他人家访问去了。

"彝胞"，如此亲切的称呼，许多彝族人还是第一次听到。人们奔走传告着自己的见闻，街上的铺子陆陆续续开门了。下午，随着一阵嘹亮的军歌声，红军队伍入城了。老百姓站在大街上，有的拍手欢迎，也有的以神秘的目光看着红军。红军中还有穿老百姓衣服的，可是个个精神焕发，边走边向群众微笑着招手致意。他们来到彭楼口停下休息，好奇的群众立刻拥上去把他们包围起来。许多战士坐在地上就和人们攀谈开了，有的还抱起小孩逗着玩儿。人越来越多，一会儿就挤了许多层。

一个挂着短枪的红军见人多了，就站在

石阶上讲起来："老乡们！我们就是中国共产党领导的中国工农红军。我们原先都是和大家一样的受苦、受压迫的老百姓。因为反动派、地主、资产阶级把我们压迫得活不下去了，为了生存才参加了红军……只有打垮压在我们各族人民头上的国民党反动派，解放全中国，大家才能有好日子过。现在，日本帝国主义侵略我国，蒋介石反动派不抵抗。我们为了中华民族不当亡国奴，要北上打日本，欢迎热爱祖国的各族同胞参加红军……"

人群微微有些骚动，纷纷议论着这些新鲜名词：参军、打反动派、打日本帝国主义……

红军在越西只住了三天，他们打开了监牢，焚毁了反动派的公文，开仓放粮……

三天的时间是很短的，然而却给越西各族人民留下了深刻的印象。当红军离开的时候，许多群众去送他们。

"红军卡沙沙！"（彝语：谢谢红军）

"红军瓦瓦苦！"（彝语：红军万岁）

一阵又一阵激动的呼声久久不息。

5月，红军顺利进入冕宁的泸沽。

然而，摆在红军面前的任务，还是十分艰巨的。

作为红军统帅的毛泽东，他心里十分清楚，红军渡过金沙江，暂时摆脱了蒋介石重兵的围追堵截，达到了北渡长江，进入四川境内的战略目的。但是，还未能实现与红四方面军会师，而要到川西北，或川陕甘去创造新苏区，找到一个落脚点，还需要战胜许许多多的困难，而当前的首要困难就是必须迅速飞越天险大渡河。

从泸沽到大渡河，在当时只有两条路，一条是当时的大路。从泸沽东面翻越小相岭，经越西县城到大树堡，由此渡过大渡河，便可直逼雅安，威胁敌人在四川的心脏——成都。

另一条是小路，而且是崎岖难走的羊肠山路。从泸沽北面到冕宁县城，然后通过拖乌彝族聚居区才能到达大渡河边的安顺场。

但是，在当时，人们把经彝族区的小路视为畏途，军队，尤其是汉人军队要通过这一地区是很不容易的。

熟悉中国历史的毛泽东知道，在72年前的1863年，也是在5月，太平天国的著名将领、翼王石达开曾率数万大军，到达大渡河的紫打地(今安顺场)，就是被大渡河所阻。清军勾结当地少数民族统治者土千户王应元、土司岭承恩，对石达开的部队围追堵截，致使石达开及其部队进退无路, 辎重全失, 妻儿七人投入大渡河, 全军覆没, 石达开为四川总督骆秉章所获, 被害于成都。

毛泽东决心打破蒋介石的如意算盘。他明白, 蒋介石部署的大渡河会战的关键是固守大渡河, 不使红军渡河, 待尾追红军的十万中央军渡过金沙江后, 在金沙江与大渡河之间的深山峡谷中南北夹击红军。打破蒋介石如意算盘的关键是赶在中央军追上来之前渡过大渡河。可是, 怎样才能赶在蒋介石重兵到来之前渡过大渡河呢?

毛泽东决定避开大路而选择小路, 他断定蒋介石一定以为红军不敢走小路, 因此小路的防奋一定较弱。他决定组织一支先遣队, 侦察了解大渡河边国民党军队的布防情况, 来决定从何处渡河及如何渡过。这是一个艰巨的任务, 关系着红军的前途, 派谁去呢?他首先想到了红军总参谋长刘伯承。

5月19日, 中央军委任命刘伯承为先遣队司令员, 红一军团政治委员聂荣臻担任先遣队政治委员。任命红一军团政治部组织部部长肖华为群众工作队队长。

为了争取时间尽快通过彝区, 必须取得彝族同胞的理解和支持才行。在当时, 赖以克服这个困难的唯一武器, 就是党的民族政策。先遣队临行前, 毛泽东亲自向刘伯承、聂荣臻指出: 先遣队的任务, 不是去与彝族群众打仗, 而是去宣传党的民族政策，用政策的感召力与彝民达到友好，争取说服他们，用和平的办法借道彝民区。只要全体红军模范地执行纪律和党的民族政策，就一定能取得彝族人民的信任和同情，彝民不但不会打我们，还会帮助我们通过彝族聚居区，抢先渡过大渡河。

冕宁县国民党县政府县长钟伯琴闻说红军将至，慌了手脚，急忙同团练局长邱维刚和夷务团长李德吾，携家带眷、纠集武装士兵两百余人，押解着关在监狱里坐质换班的彝族头人 22 人弃城向拖乌方向逃窜。他们到了冕宁以北 50 多公里的冶勒，被果基、罗洪、俸伍三支彝族武装包围缴械。彝族人质被救出，钟、邱、李三人被杀死，其余的人被剥尽衣服后放回。冕宁城内的地主、豪绅和伪政权人员也都相继纷纷逃命。

当时，中共冕宁地下党已经有了一定基础。1933 年，在西昌省立第二师范学校读书的冕宁籍青年学生陈荣檀 (即陈野萍)、廖志高等参加了中国共产党。他们利用假期回冕宁做宣传和组织工作，发展党员 11 人，培养了一批革命积极分子。

在国民党县长弃城逃跑后，冕宁城内的中共地下党员和革命积极分子便推选老教师云中祥先生在城隍庙召集群众开会，安定人心，准备粮草，迎接红军。在石龙派出共产党员和革命积极分子到松林、泸沽探听情况，迎接红军，并且在石龙、冕宁、大桥和泸沽发动群众，准备红灯、旗子、欢迎标语和茶水食物等迎接红军。

5月19日早晨，刘伯承、聂荣臻率先遣队向冕宁县城进发，当天即抵达冕宁县境的松林地区。这时，中共冕宁地下组织派出与红军联系的人员前来接上头，并详细地报告了冕宁一带及大渡河的敌军部署及其他详细情况，这对先遣队掌握敌情帮助很大。

刘伯承、聂荣臻综合分析研究了地下党和先遣队侦察组侦察到的情况，作出判断：敌军以为红军决不敢走经过彝区的小道在安顺场渡江北上，一定要走经越西在大树堡渡大渡河北上的大路，因而在大树堡一线布置重兵防堵，而对冕宁、安顺场则不太重视，防守兵力很少。建议红军应该走冕宁，到安顺场渡过大渡河这条小路。他们一面将情况与建议报告毛泽东和中央军委，一面当机立断令先遣队迅速向冕宁城进击。

1935年5月20日凌晨，中央军委在礼州土官庄召开了军事会议，于 20 日上午 9 时半发出总司令朱德"关于过彝区、大渡河的命令"：要求刘伯承、聂荣臻率先遣部队过泸沽经登相营、越西，"迅速北进，取得大渡河渡河点，以便早日渡河消灭敌人"。刘伯承、聂荣臻到达泸沽后，派出侦察人员，收集情况，并接见了中共冕宁地下党代表李祥云等，听取了汇报，根据掌握的情况，在给中央军委的侦察报告中建议改走冕宁、拖乌小路至安顺场过河。中央军委研究后，于 5 月 20 日 18 时又发出朱德总司令电令："改经冕宁、大桥、拖乌、筲箕湾、岔罗向纳耳坝、安顺场渡口北进。"于是，左权、刘亚楼的先头红五团改作佯攻部队向越西侦进。在击溃了王泽浚旅、占领大树堡之后，积极砍树扎筏，作出抢渡大渡河、攻占富林的态势，还扬言要攻占成都，以迷惑和牵制敌人。红军主力一、五、三军团和中央军委纵队则经泸沽在极度隐蔽的情况下一直北上。

刘伯承、聂荣臻率领先遣部队，在中共冕宁地下党的向导下，向冕宁开进。路过石龙桥时，中共冕宁地下党员廖志高组织群众欢迎。沿街挂起红灯，上写"热烈欢迎！"并送茶水、送馍、送糕点，情景十分感人。21日凌晨1时左右，红军到达冕宁城。战士们皆在街头房檐下露宿。不久，有人在街上鸣锣高喊："家家点红灯，点灯迎红军！"顷刻，这座万籁无声的县城便灯火辉煌、人声鼎沸起来，群众纷纷前来看望红军。黎明后，红军陆续进城。大街上到处贴满红绿标语："欢迎为民众谋利益的红军！""拥护共产党！""红军万岁！"等。有的人挂起红绸子，放起鞭炮，气氛更加热烈。红军宣传队也在城内中心钟鼓楼开展了宣传活动，说明红军是工农的队伍，要北上抗日，各界人士各安生业，不要相信国民党反动派和地方军阀的谣言，并张贴了标语："打富济贫，打倒土豪，分田分地！""活捉刘家军，拖死中央军，打倒小日本！""红军不派款，不拉夫！"等。还贴出《中国工农红军布告》如下：

> 中国工农红军，解放弱小民族。
>
> 一切夷汉平民，都是兄弟骨肉。
>
> 可恨四川军阀，压迫夷人太毒。
>
> 苛捐杂税重重，又复妄加杀戮。
>
> 红军万里长征，所向势如破竹。
>
> 今已来到川西，尊重夷人风俗。
>
> 军纪十分严明，不动一丝一粟。

粮食公平购买，价钱交付十足。

凡我夷人群众，切莫怀疑畏缩。

赶快团结起来，共把军阀驱逐。

设立夷人政府，夷族管理夷族。

真正平等自由，再不受人欺辱。

希望努力宣传，将此广播西蜀。

红军总司令朱德

彝族头人罗洪点都向红军控诉伪县府扣押彝族头人坐质换班的罪行。红军遂派人同罗洪点都在伪县府内抄出被迫签署的坐质换班的字据和一些土地契约以及官私田地粮册等文书，当众一齐烧毁，并宣布从此废除彝族坐质换班的制度。5月21日晚，红军总政治部群众工作部副部长刘晓先行到达冕宁城，与中共地下党西昌特支委员陈荣檀接上关系。5月22日，毛泽东、朱德、周恩来、陈云等领导同志随中央军委纵队进入冕宁城。周恩来、陈云接见了陈荣檀，了解了冕宁地下党和地方上的情况，研究安排了成立革命委员会和抗捐军的事宜，并由陈云主持仪式吸收肖佩雄、李发明、向德伦、陈联桥四人入党，还上了党课。毛泽东接见了刚成立的中国共产党冕宁县工作委员会有关成员，讲大渡河两岸形势和游击战问题，并对今后斗争任务作了部署。5月23日，毛泽东还接见了彝族代表古基达列，向他了解了彝族的情况，宣传了党对少数民族的政策。党中央在冕宁城驻了三天，作为红军的统帅部，高瞻远瞩，运筹帷幄，指挥全党全军，动员广大人民群众反蒋抗日，给这座县城增添了无比的光彩。

红军进驻冕宁地域，像来到革命根据地一样，人民群众热烈欢迎，商店照常营业，公买公卖，军民关系亲如一家。在石龙桥，群众宰了14头猪慰问红军(红军坚持付了钱)，在冕宁城内群众组织了洗衣队给红军洗衣服。在大桥，沿街摆出招待客人的刺梨茶。在拖乌，彝民群众抱着母鸡送给毛泽东等中央领导同志。在松林，农民柳怀成、柳怀礼兄弟二人用竹篮子抬红军病号到泸沽。在泸沽，群众主动让房，借门板、借被盖，赠送手杖、帮做馒头等。这些鱼水之情，至今传为佳话。红军赠送群众的苏币、手镯、皮鞋、煤油、熨斗、茶盅等，也作为珍贵的革命文物而流传后世。

1935年5月23日是冕宁历史上的一个光辉的日子，冕宁县革命委员会诞生了！成立大会的会场设在县城文庙的大成殿前（今冕宁中学），到会千余人。陈荣檀主持了大会，中国工农红军总司令朱德在会上讲了话，说明工农起来闹革命，建立自己政权的意义，宣传了党的民族政策，并号召冕宁各族人民团结起来，共同对敌。最后，宣布了冕宁县革命委员会组成人员名单。主席陈荣檀，副主席李井泉，委员有肖佩雄、李发明、方中等。在大会上还宣布成立了"冕宁抗捐军"。红军干部黄应龙任总司令，陈荣檀任政委，肖佩雄任大队长，李发明任副大队长。下有城厢、回龙、复兴、大桥四个中队，共约四百余人，均系贫苦群众。抗捐军战士佩戴红袖章，由红军发给枪支。除给红军带路、护送伤病员、站岗放哨外，还收缴敌伪粮食，调查土豪、恶霸，没收财物，发放浮财，进行宣传等。在冕宁街头，把抄出的大批粮食、布匹、金银、手饰、器皿、衣服、火腿等分发给穷人，大煞了地主官僚的威风，大长了穷人的志气。

冕宁县革命委员会在中共冕宁县工作委员会的领导下进行工作。工委书记是陈荣檀，委员有黄应龙、方中、肖佩雄、李发明、李祥云、陈言伦。革命委员会和抗捐军是公开的；党的组织是秘密的，采取了公开与秘密相结合的斗争策略。后来，根据党中央的决定，李井泉、廖志高随军北上。由肖佩雄接替李井泉的冕宁县革命委员会副主席职务，派刘彬留冕宁组织游击队。5月26日，抗捐军与游击队合编，5月27日进驻大桥。不幸的是，这支刚刚建立起来的群众武装，在红军大部队离去的次日，竟遭到冕宁土军阀、川康边防军第五旅旅长邓秀廷所策划的包围袭击，在俄瓦元宝山下被彝族武装打散。刘彬当场光荣牺牲，黄应龙、方中被俘，由邓秀廷送交薛岳，在成都被杀害，肖佩雄、彭杰被俘，在大桥被杀害。李发明、彭戴章等七人，在冕宁被杀害。陈荣檀在当地群众掩护下脱险，离开冕宁。

冕宁红色政权虽然为期很短，而且许多领导干部都壮烈牺牲，但是这瑰丽的革命业绩昭示了冕宁人民与党的血肉关系，它激励着冕宁人民革命不止，战斗不息。

小叶丹和刘伯承歃血为盟

★★★★★

（41岁）

作为家支头人的小叶丹，受到红军的感召，欣然与刘伯承歃血为盟，护送红军顺利通过彝区，为红军抢渡大渡河赢得了宝贵时间。

冕宁以北的拖乌地区为彝族聚居地，按照果基、罗洪、倮伍三支家族划分区域，形成各自的大小部落，彼此经常互相"打冤家"，械斗不息。由于国民党反动派和地方军阀的长期压迫，与汉族的隔阂、猜疑很深，存在着根深蒂固的敌对情绪，这就给红军通过彝区带来很大困难。

由刘伯承、聂荣臻率领的先遣部队于5月21日到达大桥，经过调查研究工作，

△ 参加长征的黄镇当时画的中国夷民红军沽鸡支队

找好了向导和通司（翻译），于 22 日进入彝区。
在红军过额瓦垭口时，发现树林中有成群结
队的彝人出没，并发出呼啸，企图阻止红军
前进。部队被迫缩短行军距离，走到彝海子，
突然从身后额瓦方向传来枪声，已经到达喇
嘛房的先头部队便停止前进。在彝海子附近，
也涌出成百上千的彝人，手舞大刀长矛和棍
棒，高声吼叫着向红军扑来。接着，后面传
来消息说："跟在后面的工兵连因掉队和没有
武器，所带的工具、器材都被彝人抢光，衣
服也剥尽，被迫走原路退回出发地。这时，
先遣部队面临着前有包围，后有袭击的严重
局面，红军坚持执行党的民族政策，决不打枪。

于是部队停止前进。

经通司（翻译）向彝人喊话、做宣传解释工作还不见效果时，忽然从山谷垭口处有几个骑骡马的奔来，通司认得为首者是果基支头人果基小叶丹的四叔果基约达。通司上前联系，说红军首长要同他谈话。果基约达欣然同意了，当即挥散了集聚的人群。红军群众工作队队长肖华同果基约达就地坐下，进行交谈，说明红军是为受压迫的人打天下的，此来并不想打扰彝人同胞，红军刘司令统率大队人马路过此地，只是借路北上。并根据彝人十分重义气的特点，又告诉他，刘司令愿与彝族头人结为兄弟。起初，果基约达有些半信半疑，可是，当他看到红军的军纪十分严明，并不像地方军阀军队那样恶狠狠地涌进堡子烧杀抢掠时，便消除了怀疑，接受了结盟意见。

肖华报告刘伯承、聂荣臻后，刘伯承立刻骑马来到彝海子边。同时，果基小叶丹带领当家娃子（即从奴隶中选拔的管家）沙马尔各子也来了。果基小叶丹见了刘伯承，便要摘掉黑帕子行磕头礼。

刘伯承急忙上前扶住小叶丹，说："大哥不要这样。"

果基小叶丹问："你是刘司令？"

刘伯承答："我是刘司令。"

果基小叶丹接着说："我是小叶丹，我们大家讲和不打了。"

◁ 西昌城里的彝海结盟纪念碑

　　刘伯承即告诉果基小叶丹：红军是共产党领导的军队，是为受压迫的人打天下的。共产党实行汉彝平等，同彝族是一家人，自己人不打自己人，要团结起来去打国民党军阀，以后红军回来，大家过好生活。这样，通过通司和沙马尔各子作翻译，很顺利地达成了协议。于是，刘伯承和果基小叶丹欣然决定，在彝海子边打鸡吃血酒结拜兄弟。

　　彝海，原名"鱼海子"，彝语叫"乌勒苏泊"，意即海子，海拔 2000 多米，是个高山淡水湖，面积约 20 万平方米，呈元宝形，四周山峦环抱，林木翁葱。就在这个山清水秀的地方举行了举世闻名的"彝海结盟"。果基小叶丹叫人找来一只鸡，但没有酒和酒杯。刘伯承便从红军警卫员皮带上解下两个瓷盅，叫警卫员舀来彝海的水，以水代酒。当沙马尔各子杀了鸡，将鸡血滴入两个瓷盅后，小叶丹要刘伯承先喝，按照彝人的风俗，先喝者为大哥，兄弟就应该服从大哥。

刘伯承高兴地端起瓷盅，大声地发出誓言："上有天，下有地，今天我同果基小叶丹在彝海子边结为兄弟，如有反复，天诛地灭！"说完后一口喝下血酒。

果基小叶丹笑着叫了一声"好！"也端起瓷盅来大声说："我小叶丹同刘司令结为兄弟，愿同生死，如不守约，同这鸡一样地死去。"说完也一口喝干。

刘伯承当众将自己随身带的左轮手枪和几支步枪送给了果基小叶丹。

果基小叶丹也将自己骑的黑骡子送给了刘伯承，结盟便告结束。

傍晚，红军先遣部队仍然返回大桥宿营。刘伯承邀请果基小叶丹叔侄一同到大桥。红军把街上所有的酒都买来，又按价付钱收下群众送来的猪肉羊肉，设宴祝贺结盟。同时还邀请了罗洪支头人罗洪作一和汉人陈志喜等一同赴宴。

刘伯承代表红军将一面书写着"中国夷民红军沽鸡（果

△ 彝海

基)支队"的红旗授予果基小叶丹,并即席讲话,劝解彝人内部不要打冤家,汉保彝,彝保汉,团结打刘家。

次日,红军先遣部队在果基小叶丹的向导下,通过俄瓦、彝海子向北前进。沿途山上山下到处是成群结队的彝人,发出"啊吼"的呼喊声。但是,这次的呼喊声不像昨天的怒目相待,而是笑逐颜开的欢迎和欢送了。

刘伯承在喇嘛房与小叶丹分手,红军留下参谋丁伯霖作后续部队的联络员。

果基小叶丹派娃子(即奴隶)沙马尔各子、沙马巴黑、果基子达、果基特达作向导,把刘伯承、聂荣臻率领的部队一直护送到稍箕湾,再由果基阿最支送到岔罗,出了彝区,直抵安顺场。

从此，红军的后续部队便沿着"彝海结盟"这条友谊之路，胜利地通过了被敌人认为无法通过的彝区。

"彝海结盟"体现了党的民族政策的胜利，体现了少数民族对红军的爱戴和军民的团结。

"彝海结盟"给奇迹般的万里长征增添了光彩的一笔。

中国工农红军用了七天七夜的时间，全部通过冕宁。

强渡大渡河飞夺泸定桥

☆☆☆☆☆

毛泽东得知刘伯承、聂荣臻率领红军先遣队通过彝族聚居区后，立即命令他们火速抢占大渡河的安顺场，搜集船只，并立即渡河，控制渡口。毛泽东率军委纵队随红一军团也迅速向安顺场前进。

接到毛泽东的命令后，刘伯承、聂荣臻把抢占安顺场渡口，强渡大渡河的任务交给了红一团。这个团的团长是杨得志，政委是黎林。随先遣队的军团工兵连、炮兵连也同时配属一团指挥。

5月24日，先遣队经姚河坝、老街子、新场，于晚上9时左右到达马鞍山。马鞍山离安顺场只有十多里路，大渡河哗哗的水声都可以听到。战士们经过一天一夜一百四十多里路的冒雨急行军，都非常疲劳，倒下就睡着了。可是杨得志团长还不能睡，他急忙找来几个老乡了解情况。

当地老乡们介绍的情况和红军侦察的情况基本一致。安顺场是个近百户人家的小镇，敌人为防备红军渡河，派有两个连在这里防守。所有的船都已毁坏了，只留下一只小船供他们过往使用。安顺场对岸驻有敌人一个团，团的主力分布在渡口下游15里处，一个营把守住对岸渡口，上游的泸定城驻有三个"骨干团"，下游是杨森的两个团。要渡过大渡河，必须首先强占安顺场，夺取船只。

杨得志团长把情况摸清楚之后，立即向刘伯承、聂荣臻作了报告。

刘伯承、聂荣臻决定连夜偷袭安顺场守敌，夺取船只，强渡过河。他们向红一团下达了命令。刘伯承司令员和聂荣臻政委特别指示说："这次渡河，关乎着数万红军的生命！一定要战胜一切困难，完成任务，为全军打开一条胜利的道路！"

杨得志团长和黎林政委接受命令后，坚定地表示："我们不是石达开，我们是共产党领导的工农红军！在我们的面前，没有战胜不了的敌人，没有突不破的天险。我们一定要在大渡河上，为中国革命史写下光辉的一页。"

按刘伯承、聂荣臻的命令，团长杨得志决定由黎林政委率领二营至安顺场下游佯攻，吸引敌人的主力，他亲自带一营主攻安顺场，然后强渡，三营担任后卫，留在原地掩护指挥机关。

战士们从梦中被叫醒，冒着毛毛细雨，摸黑继续前进了。

红一团一营营长孙继先接到命令后，马上率全营勇士扑向安顺场。天黑，又不停地下着雨，崎岖的山道十分难走。战士们的衣服全被雨水打湿了，雨水和汗水流在一起，再被山风一吹，个个冷得直打寒战。指战员们忍受着长途行军的疲劳，沿着弯弯曲曲的山道，迅疾地向前迈进。越过了大山，透过迷迷蒙蒙的雨雾，看见山脚下有点点灯火，非常明显，那就是他们要夺取的安顺场。

快要接近安顺场了，在战前稍作休息时，营长孙继先接到命令去司令部。他跑步进了一条山沟，来到一间小草屋里，刘伯承、聂荣臻、肖华、杨得志和其他首长都在这里。刘伯承严肃地把孙继先叫到跟前，进一步交代了任务：第一，消灭安顺场的敌人；第二，迅速找到船；第三，找到船后立即渡河；第四，渡过河去要坚守住滩头阵地。

刘伯承再三向孙继先强调，每完成一项任务，都要点一堆火作为信号。他还说："党中央就在我们后面，他们相信我们能渡过去，我们一定要渡过去。"

▽ 安顺场渡口的"红军渡"纪念石

听了刘伯承的话，孙继先为自己营能执行这样一个光荣艰巨的任务而非常兴奋，他马上找来各连连长，向大家介绍了敌我情况，分配了战斗任务。他说："我们必须以迅雷不及掩耳的行动打好这一仗，一连冲在前，从安顺场西边打进去，三连展开攻击，二连和营部重机枪排从东南沿河边冲入安顺场，二连还要负责搞到渡船。"

时间已到夜晚 10 点钟，各连投入了战斗行动。孙营长率二连冲下了山坡，沿着鹅卵石小路跑步向安顺场冲击。红军勇士们很快地冲到安顺场东南面，沿途看见一些睁着黑洞洞"眼睛"的碉堡。也许是敌人没有发现红军的进攻，也许是他们被吓懵了不敢打枪，静悄悄的。红军勇士们没有工夫去理会那些碉堡，绕过它们，直向街心扑去。

安顺场的敌人完全没有料到红军会来得这样神速，毫无戒备。战士们隐蔽地冲到街上时，不仅看到一些房子里射出的灯光，还能够听到一些寻欢作乐的胡琴声、唱戏声。直到尖刀排冲到敌人的据点时，才和敌人的巡逻兵接触上。

"哪一部分的？"敌人做梦也没想到会是红军，他们以为红军还在海子边为如何通过彝区而发愁呢，所以问话时并无戒备。

"我们是红军，缴枪不杀！"红军战士的回答像春雷，扑向敌人。"砰砰！"敌人开枪了。红军的火力也从四面一齐吼叫起来，愤怒的枪声淹没了大渡河水的咆哮，淹没了敌人的惨叫。红军战士迅速封锁了两边的店铺，并用刺刀、大刀和手榴弹向敌人冲锋。顽抗的敌人纷纷倒下，活着的有的当了俘虏，有的没命地逃跑。只经过二十多分钟的战斗，就把两个连的敌人全部打垮了。

这时，孙营长指挥一连和三连继续肃清残敌，又命令二连迅速去找船。他嘱咐连长熊尚林和指导员黄守义说："只要船在这边，就是藏在虎口里，也要把它拉出来。现在最要紧的是抓紧时间搞到船，千万不要让敌人乘船逃跑了。"

"熊尚林连长和黄守义指导员立即率全连沿着河滩搜索。他们搜索到一条小河岔口附近时，发现水面有个黑影在移动，还隐隐约约地听到划水声。原来这里的敌人有一个班看守着那只来往送东西的小船，敌兵们见红军打到街上时，便慌忙驾着小船要逃跑。

红军迅速赶来了，发现那团黑影离岸已经有二三十米了。那团黑影正是一条船，黄守义立即跳进水中向船追去，并大声向战士们命令说："快！马上把船夺过来！"

这里的河边水浅，战士们"扑通"跳进水里，奋不顾身地向船冲去。机枪手兜头就向船上的敌兵扫射起来，强迫敌人把船划回来。

小船夺得了。这只小船给大家带来了很大的希望。有了船，才能飞越天险，才可以渡过大渡河。小船的获得，使孙继先营长特别高兴，甚至忘记了给刘伯承、聂荣臻按事先的约定，点火发信号。

刘伯承、聂荣臻等人听到河边的枪声已经稀疏了，可是却迟迟不见有火光信号，不知发生了什么事情，十分着急，急忙向河边赶来。他们来到河边，见到孙继先，开始很生气，但听说已经缴获了渡船，便由生气变为兴奋。

孙继先营长了解到大渡河北岸是峭壁，又有重兵把守，加上水流湍急，河中有大大小小的暗礁，要想渡过河去，须得在晴朗的白天，还得有熟悉水性的船夫，否则船有被暗礁碰碎的危险。孙营长还想到：这是仅有的一条船，它关系到全军渡河的成败，万一遭到损失，后果是不堪设想的。于是他建议当晚不要急着渡河。

天刚亮，红军指挥员们站在岸边，进一步观察和分析水情和对岸的地形、敌情。他们看到汹涌澎湃的大渡河水，到处是急转的漩涡，那些礁石猛兽般地冒出水面，急浪打上，激起几丈高的浪花，惊心动魄。

对岸，是几十米高的峭壁，石壁劈开处，用石块砌成的一条陡峭的台阶从河滩直通上去，这便是渡口。石阶共有四十多级，每一级有一尺多高、一尺多宽。大有"一夫当关，万夫莫开"之势。石阶的顶端是敌人的工事，有三个独立的堡垒，由半人高的围墙围着，还有四个碉堡虎视眈眈地对着河面和石阶。碉堡周围，布满着散兵壕，敌人一个营的兵力就扼守在那里。

离北岸渡口下游不远的地方，就是安庆坝，敌人的团部就设在那里。如果双方一接火，敌人肯定会立即派来援兵。

从地形和敌情上看，渡河夺取渡口实在是一场艰险无比的战斗。刘伯承、聂荣臻同杨得志反复商量后，决定组织一支精悍的突击队，乘坐那只唯一的小木船，穿过激流，冲上陡梯，占领敌人的工事。同时，组织强大的火力作掩护，保证船能靠上码头，使勇士们能冲上台阶，另外还要严密地封锁从安庆坝来增援的敌人。

早上7点半钟，孙继先营长把全营战士集合在河边上。

孙继先决定以二连一排一、二两个班为基干，加上他和二连连长、排长和几个班长，组成突击队。他在一片热烈的掌声中宣布了突击队的名单。他们是：第二连连长熊尚林，第二排排长罗会明，第三班班长刘长发、副班长张克表，战斗员张桂成、肖汗尧、王华亭、廖洪山、赖秋发、曾先吉，第四班班长郭世苍、副班长张成球，战斗员肖桂兰、朱祥云、谢良明、丁流昆。

16个名字叫完了，16个勇士跨出队伍，排成新的行列。一个个神情严肃，虎虎生威，都是二连最优秀的干部和战士。

突然,"哇"地一声,一个战士从队伍里冲出来。他一边哭,一边嚷着:"我也去!我一定要去!"奔向营长。

杨得志团长仔细一看,原来是二连的通讯员陈万清。

孙继先激动地看着杨团长,杨得志也被眼前的场面所感动。"多好的战士啊!"他感叹地说,朝孙继先点了点头,表示同意让他参加。孙继先于是说了声:"去吧!"通讯员破涕为笑,赶忙飞也似的跑到16个人排成的行列里。

这17位作为第一批渡河的红军战士,就是后来号称强渡大渡河的"十七勇士"。勇士们每人携带一把大刀、一支驳壳枪、一支冲锋枪,还有五六个手榴弹以及作业工具。能征惯战的熊尚林连长为队长,指挥强渡和占领对岸敌人工事的战斗。

掩护工作由杨得志直接指挥,几门八二追击炮和几十挺轻重机枪,一字排开;熊尚林率领的"十七勇士"也登上了木船。

强渡大渡河的战斗即将开始。

刘伯承司令员和聂荣臻政委站在河边的工事里,用望远镜仔细观察了对岸敌人的活动情况后,又商量了一阵,就向杨得志团长发出了进攻的命令。

杨得志站在高处,严肃地下达命令:"战斗开始!"

嘹亮的冲锋号吹响了,轻重机枪一齐开火,压制着对岸敌人的火力。军团炮兵连的八二迫击炮昂首指向北岸的敌人，"嘭嘭"两下，百发百中的神炮手赵章成发了两炮，都准确地落到敌人的碉堡上，把敌人的碉堡炸向了半空。机枪、步枪也发挥了威力。炮弹一个个炸在敌人的碉堡上，机枪像暴风雨一样卷向对岸。

这时，熊尚林一招手，岸边的战士解开了缆绳。杨得志再一次强调：

"同志们！千万红军的希望，就在你们身上。坚决地渡过去，消灭对岸的敌人！"

船工帅士高等人一齐摇橹挥桨，渡船在红军指战员的热烈鼓励声中，在枪林弹雨中，似箭一样地向河对岸驶去。

对岸的敌人早瞪大眼睛注视着红军的渡船，船一启动，他们就集中火力向船射击。子弹冰雹似的落在小船周围，激起一团团浪花。小船正在浪头上颠簸前进时，敌人射来的一发炮弹在船边爆炸了，掀起了冲天水柱，几乎把小船抛上空中。

熊连长咬住牙，向勇士们说："同志们，沉住气，坐稳！"又叮咛船工说："不要怕，猛摇！"

勇士们握住钢枪，怒视着对岸，恨不得立即飞过河去。突然，敌人的一发炮弹落在船旁，掀起冲天水柱，河水灌进船舱里，17个勇士的衣服全打湿了，但他们仍岿然屹立。

刘伯承、聂荣臻下令"火力支援"，红军的轻重机枪又一齐向对岸敌人的工事射击。神炮手再发两弹，炸掉了敌人的碉堡。趁敌人火力减弱的一瞬间，小船又向对岸疾速地冲击前进。当小船驶到中流，放荡不羁的大渡河的浪涛越来越大，敌人的火力又扫射了过来。一棱子弹突然扫到船上，有个战士急忙捂住自己的手臂，他受伤了，但他忍住伤痛，坚持向对岸的敌人继续射击。

正在这时，船帮又被敌人的子弹打了个洞，河水灌进舱里，一个战士急忙脱下衣服堵上了洞，把水舀出船外。在小船正向前划行时，一个急浪打来，船身一倾斜，飞快地向下滑去，一下子就滑出几十米远，向一个尖尖的礁石撞去。刘长发眼疾手快，双手撑起竹篙抵住了礁石，几个船工也用手撑着石岩，渡船旁边喷起白浪。要是再往下滑，滑到礁石下游的漩涡中，船非翻不可。

"撑啊！"杨得志禁不住大喊起来。岸上的人也一齐呼喊着，为勇士们鼓劲加油。

就在这时，从船上跳下四个船工，他们站在滚滚的急流里，拼命地用背顶着船。船上另外四个船工也尽力用竹篙撑着。经过一阵搏斗，渡船又终于前进了。

过了中流，小船冒着敌人密集的子弹，驶入靠近北岸的桃子湾。这里接近北岸崖下的死角，敌人火力杀伤的威胁不大。敌人慌了，不断向小船投来手榴弹。一颗手榴弹落到了船上，吱吱地冒着烟，一位战士眼疾手快，抓住它就投到了河里。

熊尚林命令检查枪支弹药，准备下船。船还没有靠稳，勇士们就飞身跃上岸去，端起冲锋枪，喊着口号，冲上台阶。敌人疯狂地把滚雷和手榴弹往战士们的脚下和头上乱扔，勇士们利用又高又陡的台阶隐蔽，无一人伤亡。

敌人打了一阵以后，看到没有动静了，以为渡河的勇士们都牺牲了，就停止了扔手榴弹。战士们在熊的指挥下，趁这难得的一瞬间，一跃而起，乘机冲了上去，扑向敌人的碉堡。

当勇士们快要接近敌人残破的碉堡时，工事里的敌人哗地涌了出来，黑压压的一大片，足有二百多人，开始了反冲锋。敌人企图趁红军立足未稳，把他们压下台阶，压下河滩。战士们背水作战，众寡悬殊，形势十分危急。

杨得志从望远镜里看得真切，他向炮手们命令说："瞄准，给我轰！"

红军神炮手赵章成把仅有的两发炮弹打出去了，炮弹不偏不歪地正好在敌群里开了花，敌人被炸死了一大片。这准确而致命的一击，打得敌人死的死伤的伤，乱作一团。敌人一乱，熊尚林连长一手挥着驳壳枪，一手挥着大刀，率领战士们一个猛冲，抢占了敌人的碉堡，和又围过来的敌人继续厮杀。

红军勇士们虽然占领了渡口的工事，但敌人并没有就此罢休。他们又一次向渡江勇士发起了反扑，企图夺回渡口工事，将红军突击队赶下河去。南岸红军的炮弹、子弹，又一齐飞向北岸的敌人。烟幕中，敌人纷纷倒下。17位勇士趁此机会，齐声怒吼，扑向敌群。17把大刀在敌群中闪着寒光，忽起忽落，左劈右砍，杀得敌人鬼哭狼嚎。

北岸，在激烈地厮杀。南岸，渡船一返回，孙继先立即率领一营二连二班的战士携带两挺轻机枪和一挺重机枪，跳进船里，命令船工快划。孙继先坐在船头，心急如焚，他紧握着驳壳枪，真想一步跨上北岸。他看到熊尚林率领的勇士们正和敌人浴血奋战，敌人是一个营，而红军战士仅17个人，力量的对比太悬殊了，他的心里不能不着急。

孙继先率领第二批勇士跳上岸时，渡口上的战斗更加激烈了。红军第一批勇士守着碉堡，正和反击过来的敌人紧张战斗。孙继先把手一挥，战士们立即向敌人投去八九颗手榴弹，轻重机枪一起开火，敌人溃不成军，慌忙逃窜。

安顺场渡口完全被红军勇士占领了。

孙继先命令熊尚林清查突击队人数，17位勇士除了两名负伤的外，一个不少，创造了强渡大渡河的奇迹。

激战刚结束，那只唯一的小船，又载着杨得志率领的第三船战士渡过河来。战士们乘胜追歼逃敌。

这时，天色已晚，船工们加快速度，把红军一船又一船地运向对岸。红军乘胜追击，又在渡口下游缴获了两只船。于是，红军后续部队源源不断地集中于大渡河，从安顺场渡口飞越了大渡河天险。

刘伯承、聂荣臻在杨得志团长率领部队第三船渡过大渡河后，便立即将情况报告了毛泽东和中央军委。

毛泽东听了报告后，同周恩来、朱德等亲自到渡口察看部队渡河情况。他看到，由于水深流速又快，风急浪高，乱石耸立江中，船只又少，渡河十分困难。从早晨抢渡开始，至此连先头部队红一师的第一团都没有渡完。

毛泽东测算着，照这样的渡河速度，几万红军何时才能渡完呢？而国民党中央军李韫珩的第五十三师这时已尾追红军渡过金沙江，到达西昌以北地域，离红军只有几天行程；四川敌军杨森第二十军和其他部队，也正奉蒋介石令赶往大渡河，离红军也只有几天路程。如果以现在这种渡河速度，红军将面临着巨大的危险。

根据红军面临的形势，毛泽东当机立断，就在渡口附近召集周恩来、朱德、刘伯承、聂荣臻、林彪、罗荣桓、罗瑞卿等举行了一个紧急会议。毛泽东在会上简要地介绍了一下敌我态势后提出：鉴于安顺场渡口水深流急，大部队难于迅速渡河，敌情又急，红军应火速抢占距安顺场160公里的泸定桥，使主力从泸定桥渡过大渡河。

参加会议的同志一致同意毛泽东的意见。于是，毛泽东具体提出，由林彪率红一军团第二师以及红五军团为左纵队，沿大渡河西岸向泸定桥前进；由刘伯承、聂荣臻率红一军团第一师和干部团为右纵队，沿大渡河东岸前进。两岸部队夹河而上，互相策应，限期夺取泸定桥。

毛泽东最后说："蒋介石要我们成为第二个石达开，使红军像太平军一样在这里全军覆灭。但这种事情不会发生在我们身上。我们是革命者，时代不同了，我们也不同了。"他无比坚定地说："石达开的悲剧，我们决不会重演。"他用这句话结束了紧急会议。

与此同时，蒋介石也明白他上了毛泽东佯攻大树堡而实取安顺场渡口的当，红军已占领了安顺场渡口且开始渡河。于是，他同宋美龄和顾问端纳于5月26日，也就是毛泽东在安顺场发誓不让石达开悲剧在红军身上重演，作出抢占泸定桥决定的同一天，急忙从重庆飞往成都，其参谋团也随同移驻成都。蒋介石这时十分清楚，能不能实现其使毛泽东和红军成为第二个石达开的计划，关键就在于他能不能守住泸定桥了。于是，他重新调兵遣将，部署"围剿"红军的计划，与毛泽东又展开了一场新的角逐。

泸定桥，是一座用了两万斤铁，近两年时间，在清康熙四十五年（公元 1706 年）于泸定城西建成的铁索桥。桥是用 13 根铁索连成的，上面铺着木板，由西向东横跨大河上，高出水面十几丈，十分险要。此时，它已成为毛泽东与蒋介石抢夺的对象，成为数万红军的生死之桥。

泸定桥的东面是泸定城，城里驻有敌人两个团的兵力，另有两个旅的敌人正在沿东岸赶赴泸定支援。毛泽东明白，红军要避免石达开的悲剧，全在于能否在蒋介石的重兵到达前，抢占泸定桥，并牢牢地控制住，使红军大部队能从桥上渡过大渡河。

在十分急迫的时候，毛泽东的处置既果断又周密，他要林彪令红四团作为西路主力红军先遣队，在三天之内行军 160 公里，奔袭泸定城，抢占泸定桥。同时，他还命令红一军团第一师、陈赓和宋任穷率领的干部团，在安顺场渡过大渡河后，沿大渡河东岸向泸定桥疾进。

按照红军总部的决定，刘伯承和聂荣臻所率领的红军右纵队渡过大渡河后，沿河而上，于 27 日下午到达挖角坝。挖角坝驻有敌川军第五旅的肖绍成团，该团的任务是游弋于上游第四旅和下游第五旅作机动增援。他们对红军的到来猝不及防，接火后立即溃散，逃往荥经。红一师继续向泸定桥飞奔。

28 日，红军右纵队冒着倾盆大雨，翻山越岭赶到泸定县所辖的得妥，沿途多次击溃了当地反动民团的阻止。

29 日晨，右纵队先头部队红二团到达海子山，海子山地势险要。左临波涛汹涌的大渡河，右靠悬崖绝壁，是一道天然屏障，两营敌人已在此作了防备，一营守海子山，一营守石门坎。红二团到达后，立即向海子山的守敌发动猛攻，激战由早晨至中午，敌人伤亡惨重，只能放弃阵地，绕过石门坎溃逃而去。

下午 4 时，红二团兵分两路，向石门坎守敌发起猛烈攻击，一路由肖华率二团主力从海子山正面进攻；另一路由邓华率第二营向纵深攻敌侧背。敌人受到夹击，伤亡很大。这一仗，红军大获全胜，缴枪百余支，俘敌五六十名，获子弹、手榴弹无数。

敌人在大渡河右岸的防守被刘伯承、聂荣臻所率的红军右纵队全部摧毁，使泸定桥守敌孤悬于泸定城下，有力地支援了左岸红军对泸定桥的夺取。

林彪指挥的红军左纵队由红二师四团任先头部队。这个团的团长是王开湘，政委是杨成武。

5 月 27 日，红四团从安顺场出发，沿大渡河左岸而上。当晚，红军到达什月坪。

5 月 28 日，红四团于凌晨 5 点就从什月坪出发了。刚出发不久，团长王开湘、政委杨成武就接到红一军团军团长林彪传达的军委命令：

王、杨：

军委来电，限左路军于明天夺取泸定桥。你们要用最快的行军速度和坚决机动的手段，去完成这一光荣伟大的任务。

王开湘和杨成武接到命令后，迅速打开地图查看了部队目前所在的方位。杨政委指着地图上标明的里程说："离泸定桥还有240里，可29号就是明天啊！"

"29号！"杨得志也一声感叹。29号就是明天，也就是说原定两天的路必须一天走完。谁也没料到任务会变得这样紧急，240里路可真是一个大难题！路，是要人走的，少一步都不行啊！而且还要突破敌人的重重堵击。但是，这关系全军的重大任务，一定要坚决执行，不容许一分钟、一秒钟的迟疑。

原来，毛泽东接到敌情报告，得知泸定桥那里，本来有敌人两个团防守，现在又有两个旅正向泸定桥增援。他们以一部分兵力阻止红一师前进，大部分沿河东岸北上，跟红军隔河齐头前进。如果红军比敌人早到泸定桥，胜利就有希望，不然，要想通过泸定桥就很困难，甚至不可能了。所以决定要和敌人抢时间，要和敌人赛跑，要比敌人的动作更快，于是限定红四团要于29日拂晓前必须赶到泸定桥，迅速抢占泸定桥。

王开湘团长是位头脑冷静的指挥员，无论遇到什么情况，都善于思考。他和杨成武政委边行军边召集了营、连干部和司令部、政治处干部，共同研究怎样完成这一紧急任务。

王开湘和杨成武的命令是坚决的："一天走完240里，明天6点赶到泸定桥！"全团所有的作政治工作的干部都跑在行军的行列中，用各种宣传形式向战士们进行宣传鼓动。

战士们听了宣传，情绪更加高涨，边走边呼口号："走完240里，赶到泸定桥！"两脚生风，向前急进。

正走着，猛虎岗又横在面前，挡住了去路。

猛虎岗是一座上三四十里，下三四十里的险恶高山，右傍大渡河，左边是更高的山峰，中间只有一条羊肠小道。这是从安顺场到泸定桥的咽喉，山顶的隘口上有一个营的敌人扼守。这时正值大雾弥漫，五步以外什么也看不见。敌人看不清红军的动向，只能在工事里盲目射击。王开湘、杨成武便指挥红军利用大雾作掩护，悄悄爬上山顶，突袭敌人阵地，并命令不许放一枪，接近敌人后，用刺刀、手榴弹解决敌人。

不多时，只听得"轰隆、轰隆……"一连串的手榴弹爆炸声，接着便杀声四起。吓破了胆的敌人，只好向后溃逃了。

红军先头营即向溃敌猛追，一直追击到接近摩西面村时，又同驻在该村的敌人一个营和一个团部遭遇。红军英勇冲击，又把敌人打垮了。可是，可恶的敌人已将村东河上的大桥破坏了，红军耽误了两小时才架起桥。继续前进，一口气又跑了四五十里路，赶到了大渡河岸一个约有十多户人家的村子时，已是傍晚7点了。从这里到泸定桥还有110里。

28日晚，红四团已前进到冷碛对面的杵泥坝。这时，大雨滂沱而下，伸手不见五指，部队无法行军。恰在此时，见对岸有敌军打着火把前进。王开湘和杨成武当机立断，立即命令部队将全村老乡家的篱笆全部买下，每人绑一个火把，一班点一个，不许浪费，争取每小时走10里以上。

部队举着火把，兴高采烈地向前挺进。对岸敌军见状，立即吹号联络，询问部队番号。红军也按从敌人俘虏口中得到的联络信号，吹号回答说是"自家人"，部队番号就是刚被消灭和打垮的敌人三个营的番号，川籍战士向对岸大声喊话应答。就这样，骗过了对岸敌人。

愚蠢的敌人，做梦也想不到，大摇大摆地跟他们并排走的，就是他们日夜梦想着要消灭的英雄红军，糊里糊涂地同红军一道走了二三十里。后来，雨下得更大了，到深夜12点钟，对岸的那条火龙不见了，敌人大概是怕苦不走了。这一情况立刻传遍了红四团，战士们议论着:抓紧好机会啊！

快走，快走啊！一个跟着一个拼命地向前赶路。

经过整夜的急行军，到 29 日凌晨红四团终于到达离泸定只有 10 里的上田坝。这时，部队不顾饥饿和疲劳，立即兵分两路：一路爬上海子山，抢占制高点；一路直奔泸定桥。泸定桥这边国民党的兵力很少，红军顺利地占领了西岸及西桥头。

天亮了，周围景色秀丽，泸定桥完全呈现在红军战士眼前。

5 月底的泸定桥河谷，到处是红色的樱桃的收获季节，西红柿也熟了。夹竹桃花鲜红似火，马铃薯花雪白一片，蜜蜂成群地飞来飞去举行着嗡嗡嘤嘤的弦乐合奏，山坡上粉色的杜鹃正在怒放，汇成一曲丰富多彩的交响乐。但是，红四团指战员们关注的却不是泸定桥周围的景色，而是另一种景象：桥那边的肮脏的泸定小镇，灰白色的桥楼和轻轻摇晃的桥身。

泸定桥这边的国民党兵力很少，对岸却驻守着几百人。假如昨夜与红军一道点着火把隔河并行的国民党增援部队也迅速赶到，对岸的兵力就更多了。

泸定桥两岸的地形十分险要。"泸定桥边万重山，高耸入云千里长"，桥头石碑上镌刻的这两句话，生动地描绘了这里的险要地势。泸定桥横跨大渡河，河水奔腾咆哮，宛如一条张牙舞爪的巨龙。河岸两侧山势磅礴，高入云霄。桥的西岸，连着巴蜀高峰贡嘎山，山峰直指苍穹，白雪皑皑；桥的东岸，是悬崖壁立的二郎山。两山夹峙，形成峡谷，大渡河从中呼啸奔腾而下，浪卷波溅，发出雷鸣般的轰然巨响，令人耳聋目眩，心惊胆战。泸定桥是由13根精铁索组成的，桥面9根，每根相距30厘米，上面铺以木板以通行人，两边各2根以作桥栏。每根粗铁索都是由1000个左右的铁环连成的。桥身全长101.67米，宽2.67米，高悬半空，由东岸拉到西岸。铁链桥身，摇曳空中，人走在桥上，左右晃动，随桥起伏，俯视河面，波涛汹涌，令人毛骨悚然，目眩心悸，有"绳桥惊险"之叹。

泸定桥虽然险要，可在大渡河当时的千里河道上，毕竟只有这座唯一的桥梁，它是连接四川腹地和康藏高原的唯一通道，红军大部队要尽快飞越大渡河，必须依靠它。

就在红军战士们到达泸定桥之前的几个小时，国民党军队的守军已陆续进了泸定城，泸定城一半在东山上，一半贴着大渡河岸,城墙高两丈余,西城门正堵住桥头,过了桥,必须通过城门，别无他路。城里驻着两个团的敌人，山坡上修筑了严密的工事，机枪集中到桥头附近。为防止红军夺桥，他们已将桥上的木板全部抽掉，只剩下光溜溜的几根铁索。

当红军抵达桥西头时，敌人做梦也没想到红军会如此迅速地飞兵天降。他们企图凭借天险进行扼守，不断地向红军发射机枪和迫击炮，还疯狂地向红军大声喊叫：“你们飞过来吧！我们缴枪啦！”他们以为凭借这样的天险，红军就是有翅膀也飞不过去，何况红军并没有翅膀。

王开湘和杨成武分析了敌情后，立即命令一个营的火力，封锁了敌人可能通过的一条增援桥头守军的小路。因为东岸和西岸一样，也只有一条依山傍水的小道，敌人只有经过那条路才能到达泸定桥。

接着，红四团就在天主教堂内召开了作战会议。会议刚开始不久，敌人打来的一发迫击炮弹，正好落在教堂的房顶上，炸开一个大洞，弹片、碎瓦落了一地，可是在场的人们一个都没动。杨成武说：“敌人已经在动员我们了！我们必须立即打过桥去，刻不容缓！”

王开湘和杨成武决定组织突击队，一连、二连、三连的连长都急着要担当突击任务，争得面红耳赤。最后由王开湘决定从二连中挑选 22 个共产党员和积极分子，组成突击队，由二连连长廖大珠担任突击队长。突击队每人配备短枪、手榴弹及马刀。由三连连长王友才率三连作为第二梯队，紧跟在后面为后续部队，铺设桥板。另外还集中全团的机枪和火炮，全力压制东桥头敌军的火力。

下午 4 时，总攻开始了。全团的司号员集中起来吹起冲锋号，所有的武器一齐向对岸敌人开火。军号声、枪炮声、喊杀声立即震撼山谷。

22 位突击英雄，手持冲锋枪或短枪，背挂马刀，腰缠 12 颗手榴弹，在廖大珠连长的率领下，冒着密集的枪弹，攀着桥栏，踏着铁索向对岸冲击。王有才连长率第三连紧随其后，他们除携带武器外，每人还扛一块木板，边铺桥，边冲锋。

当突击队刚冲到对面桥头时，西城门突然烧起冲天大火。原来敌人见红军冲过来了，就放火燃烧东桥亭，退入城内，企图用火把红军突击队挡在桥上，用火力消灭红军。火光照红了半边天，桥头被熊熊大火包围住了。

这正是千钧一发的时刻。22 位英雄看到城门口漫天大火，似乎愣了一下，紧跟在后面的红军战士一齐大声喊道："同志们！这是胜利的关键，冲进去呀！不怕火呀！迟疑不得！冲啊！敌人垮了！"这喊声给了英雄们勇气、决心和力量，在洪亮的冲锋号声中，他们神速地向着火里冲去。

冲在前面的廖大珠的帽子着了火，他扔掉了帽子，光着头继续往前冲。其余的突击队员们也紧跟着廖大珠，穿过火焰，一直冲进街去，与敌军展开了巷战。

正在激战之时，刘伯承、聂荣臻率领的红一师也沿东岸赶到了泸定城。他们已将增援泸定的敌人两个旅打垮，又恰到时机地赶到泸定支援红四团，为夺取泸定桥创造了有利的条件。

红军源源不断地冲进城去。经过两小时的激战，两个团的敌人被消灭了大半，剩下的狼狈逃窜。黄昏之时，红军全部占领了泸定城，牢固地控制了泸定桥。

已经是深夜了，刘伯承和聂荣臻才在泸定城见到王开湘和杨成武。听了王开湘、杨成武的汇报后，他们十分高兴，决定一齐去看看泸定桥。到了桥上，杨成武提着马灯，边走边讲述当时的战斗情景。刘伯承仔细地听着，不住地点头。他们从桥东一直走到桥西，又从桥西折回，走到桥中间时，刘伯承停住了脚步，他扶住桥栏，俯视大渡河的滚滚急流，用力地在桥板上连蹬了三脚，感慨万分地说："泸定桥啊！泸定桥！你是多么险要的地方啊！但是，我们过来了！我们胜利了！"

5月31日，毛泽东等抵达泸定桥。他在西岸沙坝村天主教堂外边大树下休息了两个小时左右，同时听取了飞夺泸定桥战斗的情况报告，随即又视察了作战阵地，他高度赞扬了飞夺泸定桥勇士们的英雄气概。

中午，毛泽东与博古、邓发、王稼祥等踏上了泸定桥，过了大渡河，脸上含着兴奋的微笑。快到东桥头时，先到泸定城的周恩来、朱德在刘伯承、聂荣臻陪同下，迎上前去同毛泽东等一道并肩走进泸定城小小的街道，一边走一边高兴地交谈着、说笑着。

太阳当空临照，蓝瓦瓦的天空浮着朵朵白云，山坡上碧绿的野菜和点缀其间的杜鹃花分外好看。

毛泽东和他的战友们走进周恩来事先为毛泽东准备好的屋子时，炊事员便把煮好的大米粥端上来，还有从金沙江边带来的胡豆、豌豆。毛泽东与朱德、周恩来、博古、刘伯承、邓发、王稼祥等便围在一起，一边吃饭一边交谈。他们的话题仍然是关于大渡河与石达开的故事。

周恩来对刘伯承、聂荣臻说："你们走了以后，大部队

△ 1936年美国记者埃德加·斯诺在宁夏与强渡大渡河的英雄们合影

经过彝族地区时，小叶丹拿着你们给他的旗，护送红军部队顺利通过彝族地区，你们简直把彝族地区赤化了。"

毛泽东也问刘伯承："当年诸葛亮七擒六纵，才把孟获说服了，你怎么这么短的时间就把小叶丹说服了呢？"

刘伯承回答说："我们靠的是正确地执行党的民族政策，是重视民族平等和民族团结的结果。"

当警卫员从毛泽东手中接碗盛饭的时候，毛泽东站起来，手指成都方向，风趣地对大家说："诸位'石达开'，蒋介石晓不晓得我们几个现在已经在泸定城里吃饭了哟？"

大家被毛泽东的这句话逗得大笑。

这时，朱德放下饭碗，对大家说："你们知不知道在我们四川还有一个关于石达开的传说？"

　　于是，朱德讲起了这个在四川民间流传着的故事——石达开并没有死。赴清营去死的是另一个人。石达开有个四女儿，并非他的亲生女儿，是经石达开搭救后收养的女儿。出于报恩，她曾想嫁给石达开做妾，但石达开拒绝了。后来，她就有意嫁给了一个长得酷似石达开的人。太平军在大河失败之后，这位四姑娘说服石达开逃走，而让他丈夫做石达开的替身。石达开在这一带漂泊了许多年，不少人都见过他，其中有一个大渡河上的船工，在狂风暴雨中落水，而遇到石达开，救了他的性命。在漆黑的夜晚，人们在大河边还可以听到阵亡将士的英魂在哀号。要等到有人为他报了仇，他们的悲哀才会停止。有一首广泛流传的诗，传说就是石达开所写的：

　　　　扬鞭慷慨泣中原，

　　　　不为仇雠不为恩。

　　　　只觉苍天方聩聩，

　　　　欲凭赤手拯元元。

　　　　三年揽辔悲赢马，

　　　　万众梯山似病猿。

　　　　我志未酬人亦苦，

　　　　东南到处有啼痕。

朱德对战友们说，这个故事当然不是真实的，那首诗也非石达开所作。实际上石达开投清营后即被押到成都，清政府残酷地把他凌迟处死，他本想以自己的生命来换取麾下将士免于一死，但结果是他的部下最后也都惨遭屠杀。

毛泽东听完朱德讲的这个故事后，站起来说："我们顺利通彝区，抢在蒋介石大部队到来之前渡过了天险大渡河，是小叶丹和人民群众帮了我们的大忙! 是红军将士们创造的奇迹! 你们听听，有太平军将士的哀号吗? 我是没有听到啊，说明我们已经为太平军和石达开报仇了。"毛泽东的话，又引起大家的一阵哄笑。

毛泽东指挥的红军和石达开率领的太平军，有不少相似之处。比如，都是相同时节，沿着相同的路线，到达相同地域；还有，部队的成员大多数都是中国的农民群众，所面对的都是掌握着国家机器的强大的敌人。然而，结局却完全相反。其中原因，是历史学家和政治家们研究的课题，但是有一点却是十分明白的：20 世纪 30 年代的毛泽东毕竟不是 19 世纪 60 年代的石达开；毛泽东领导的中国工农红军毕竟不是石达开统率的太平军！

红军占领泸定城以后，大部队顺利越过大渡河天险，从此就把自红军长征以来一直尾随在后的国民党中央军甩掉了。蒋介石再也无力完成对红军的围追堵截计划。红军大踏步地向着既定的目标前进。

二万五千里长征的胜利，已经指日可待。

彝海结盟史话代代传

(1936—1942)

小叶丹坚信红军会回来

★★★★☆

（42—48岁）

　　彝海结盟后，小叶丹坚信红军一定会回来。在党和政府的大力倡导下，彝海结盟开创的民族团结优良传统将一代又一代传承下去。

　　小叶丹不仅护送红军顺利通过彝区，而且遵照刘伯承的嘱托，率领红军果基支队坚持斗争，坚信红军一定会回来。

　　红军走后，白色恐怖再次笼罩了彝区，但广大彝汉人民并没有被反动派的嚣张气焰所吓倒。他们坚信"只有红军的道路，才是解放他们的道路"。经过红军长征的洗礼，他们的觉悟有了很大的提高，以更高的水平，用各种方式向反动派作不屈不挠的斗争。

许多彝民为了纪念红军，把当年出生的孩子取名为"红军子"或"红军姆"（即"红军女"之意）。还有许多人冒着生命危险，把红军留下来的东西保存起来，爱如珍宝。

特别是红军果基支队，他们举着刘伯承所赠给的旗帜，牢记刘伯承"一个指头没有劲，十个指头捏在一起力量就大了"的话，不仅自己拿起武器和国民党反动派展开了长达数年的游击战争，而且还联合了倮伍、罗洪等家支的武装，打击国民党反动派到这一带的军队。有名的扯羊村和野鸡洞保卫战，就是他们打的。这两次战斗，使国民党地方军阀邓秀廷部队遭到沉重打击。后来，由于国民党反动派的离间和挑拨，使倮伍家支和罗洪家支先后脱离了反国民党军阀的队伍，但小叶丹所领导的果基支队仍然坚持战斗。

在那艰苦斗争的岁月里，果基支队的战士们眼看着自己的房屋被国民党军队焚毁，牛羊被抢劫，却千方百计地保护刘伯承所赠给他们的队旗。小叶丹身边的许多东西都丢掉了，唯有"中国夷民红军沽鸡支队"这面旗帜始终保存着。为了躲过国民党军队的搜查，聪明的小叶丹想了许许多多办法，一次又一次逃过敌人的搜查。其中一个办法，是他将这面旗帜编到背篓下面的夹层里，走到哪里背到哪里。

可是，国民党军队对果基家支的镇压愈来愈残酷。在最艰难困苦的时刻，小叶丹含着眼泪鼓励着自己的妻子和弟弟及其他队员说，不要忘记了刘伯承大哥的嘱托，不要忘记了共产党和红军的恩情。他说："红军一定会回来的，刘伯承我信得过，他不会骗我。万一我死了，你们一定要保护好这面红旗，将来把它亲手交给红军。"

1942 年 5 月下旬，小叶丹在国民党军阀邓秀廷实行"以夷制夷"有意挑起的彝族冤家械斗中不幸身亡。

面对滚滚乌云，彝族同胞更激起对红军的思念。一年一度的火把节，他们总是聚结在彝家海子边，跳起锅庄，放声歌唱：

> 清清的河水流不尽啊，
>
> 红军啊，"三斗三斤"（意即很多很多），
>
> 红军一去已数春啊，
>
> 也不呀，捎个信。
>
> 彝家盼红军啊，
>
> 三天三夜呀，说不尽。
>
> ……
>
> 彝家受尽千年苦啊，
>
> 彝家有苦无处倾。
>
> 一心啊，盼红军，
>
> 盼您啊，回来救彝家人。

当年的红军终于回来了。

1950年3月，中国人民解放军解放了冕宁，当年的红军回来了。5月21日，冕宁县城内来了一群彝民群众，领头的叫果基嘉家。他们要找驻军司令部，要找"刘伯承伯伯"。许多年轻的指战员一时莫名其妙，不知他们如何与刘伯承相识。司令部里有一个了解"彝海结盟"经过的红军战士，立刻给大家解释了原委。大家明白后，在一片欢呼声中，把彝民同胞迎进了司令部，热情招待，并为此专门召开了一个欢迎会。

在欢迎会上，果基嘉家激动地向大家追忆了长辈们的往事。小叶丹的妻子遵照丈夫的遗嘱，郑重地把刘伯承赠送的写着"中国夷民红军沽鸡支队"的队旗亲手献给了政府。

现在，这面旗帜像其他革命文物一样，珍藏在中国人民革命军事博物馆。它是彝族人民的光荣，红军的光荣，长征的光荣。它记载了红军和彝民的深厚情谊，是共产党和红军的民族政策的伟大胜利的实物见证。

→ 彝海结盟丰碑永存

☆☆☆☆☆

小叶丹和刘伯承"彝海结盟"这一重大历史事件，受到党和政府的高度重视，使彝海结盟丰碑永存，民族团结的传统代代相传。

四川解放后，西南军区刘伯承司令员

△ 20世纪50年代毛泽东会见小叶丹之兄果基木古

曾嘱咐要尽快找到小叶丹，并说政府已决定要他参加将要成立的西南军政委员会。后来，小叶丹之兄果基木古成为政协四川省委员会第一届至第五届副主席。毛泽东主席在北京亲切接见了他。

保伍家支中的伍精华，历任四川省委常委，省人大常委会副主任，国家民委副主任、党组副书记，西藏自治区党委书记，西藏军区政委，西藏军区党委第一书记，全国人大民族委员会副主任委员，全国人大农业与农村委员会副主任委员等职，是家支中从政者的代表。1983年2月，他作为起草《民族区域自治法》五人领导小组成员之一，直接参与、组织和领导了《民族区域自治法》的起草工作。

1985 年，当"彝海结盟"50 周年的时候，经上级批准，凉山彝族自治州人民政府在自治州首府西昌市中心建立彝海结盟纪念碑。

　　1995 年 1 月 23 日，中共中央政治局委员、国务委员李铁映，全国人大常委会副委员长布赫，在人民大会堂西藏厅接见了刘伯承元帅的儿子刘太行、刘蒙，聂荣臻元帅的女儿聂力和小叶丹的孙子沈建国、伍龙以及全国人大常委会委员、民族事务委员会副主任伍精华，国务院办公厅副秘书长刘奇葆，中宣部常务副部长郑必坚，国家民族事务委员会副主任陈虹，冕宁县副县长祝春秀也参加了接见。

　　李铁映、布赫等中央领导同志在听取了冕宁县县情介绍和有关"彝海结盟纪念碑"、"彝海结盟纪念馆"及"纪念彝海结盟六十周年"庆祝活动的准备、落实情况的汇报后，给予了充分肯定。李铁映说：在红军长征过冕宁暨彝海结盟六十周年即将来临之际，在彝海结盟遗址立碑建馆和举办纪念活动很有必要。彝族是一个勤劳、勇敢的民族，彝族人民对中国革命作出过很大贡献。小叶丹是彝族人民的英雄，彝海结盟使红军避免了一次灭顶之灾，它是民族团结的典范。李铁映要求一定要认真搞好碑、馆的建设和纪念活动，并专门给国务院办公厅、文化部交代，让大家都关心这件事。他还指出，碑、馆的建造一定要突出民族特色，

△ 四川省将彝海结盟地彝海作为省级文物保护单位立碑予以保护

碑文一定要真实、详细地讲述那段历史，并用彝、汉、英三种文字书写。要将彝海结盟这段历史请熟悉彝族生活情况的作家撰写成剧本，中宣部组织力量拍摄，搬上银幕、舞台。要写成教材，纳入中小学教学计划，广泛地进行宣传。并要求地方政府在建碑、馆时组织一定的义务劳动，用实际行动缅怀先辈丰功伟绩，增强民族团结，弘扬爱国主义精神。

李铁映对刘伯承、聂荣臻的子女和小叶丹孙子说："你们的父亲、祖父在六十年前为了增强民族团结、取得中国革命的胜利歃血结盟，结为兄弟，你们之间是亲戚。六十年后的今天，你们又聚会在一起，今后要叔侄相称，加强联系，互相帮助，增进友谊，并将

'彝海结盟'发扬光大。"

四川根据中央领导的指示精神，由省文化厅牵头落实有关事项。1995年彝海结盟六十周年时，组织有关专家撰写出版了《彝海结盟——红军长征顺利通过彝区的故事》一书。

在彝海结盟遗址修建了气势雄伟的彝海结盟纪念碑，江泽民总书记题写了"彝海结盟纪念碑"碑名。纪念碑雕塑人物由刘伯承、聂荣臻、果基小叶丹和参加结盟仪式的彝族代表沙马尔各四人组成。纪念碑基座高3.5米，人像高5米，宽2.2米（寓意1935年5月22日'彝海结盟"这一民族团结、军民团结的光辉历史），基座前台阶高1米，共6级台阶，整个纪念碑总高9.5米（寓意1995年为纪念彝海结盟 60 周年而建）。纪念碑碑文是经过中央宣传部、中央党史研究室等有关部门修改审定的，强调了党的民族政策的正确和彝海结盟的历史意义，全文如下：

1935 年 5 月，毛泽东等率领中央红军于长征途中来到大凉山冕宁县。22 日，先遣队司令员刘伯承、政委聂荣臻率部进至彝海附近，向彝族同胞宣传红军宗旨和党的民族政策，赢得了彝族同胞的尊重和信赖。刘伯承在聂荣臻陪同下，与彝族果基家支首领果基约达（小叶丹）在此歃血为盟，结为兄弟。红军帮助彝民组建了"中国夷民红军沽鸡（果基）支队"，并授予队旗，赠送了武器。其后，担任果基支队队长的果基约达派彝民护送红军顺利通过彝区。

"彝海结盟"为红军抢渡大渡河、击破国民党军队的封锁赢得了宝贵时间，在粉碎蒋介石迫使红军重蹈石达开覆辙的图谋中有功不可没的历史作用。

"彝海结盟"是民族团结和军民团结的典范，是中国共产党民族政策的胜利，是红军长征史上光辉的一页。

1995 年 8 月 1 日，冕宁县万余群众和中央、省、州领导以及刘伯承元帅、聂荣臻元帅的子女，在这里集会，隆重纪念红军长征过冕宁暨"彝海结盟" 60 周年，同时举行了"彝海结盟纪念碑"揭幕仪式。

后来，又在彝海结盟纪念碑后 46 米处，新建"彝海结

◁ 《彝海结盟——红军长征顺利通过彝区的故事》书影

盟纪念馆"一楼一底，呈全框架结构的彝式"石板房"，建筑面积1630.7平方米。纪念馆采用独具彝族特色的羊蹄、牛头等色彩符号进行装饰，内设革命文物展厅、民族民俗展厅等。纪念馆主要的馆藏品有：国家一级文物红军第三集团军外出证章1件，国家三级文物红军封条、书、笔及抗捐军用过的大刀等70余件；有未定级的红军文物200余件；有"中国夷民红军沽鸡支队"队旗，中国工农红军布告，红军使用过的枪炮等复制品数十件。还陈列有民族、民俗文物200余件。如今，彝海成了全凉山州甚至全国人民接受爱国主义教育的好去处。

在冕宁县城修建了红军长征纪念馆、红军文化广场。2005年，冕宁斥资一千多万元建成的"红军文化广场"，河边青柳飘逸，桂树生香。每当夜幕降临，塑有红五星、镌刻有"1935"字样的38盏亮丽路灯引领游人一路走进"红军文化广场"，可瞻仰凉山第一大"红色雕塑""长征颂"。巍峨高大的"长征颂"，长20.5米，高7米。以长征过冕宁时毛泽东、周恩来、朱德等红军领袖为原型的雕塑，屹立广场东方，栩栩如生，气势宏伟。

2005年，国家发改委、中宣部、财政部等六部委将其确立为全国一百个精品红色旅游景点之一。彝海结盟遗址已相继被命名为省级爱国主义教育基地、省级风景名胜区，被列为省级重点文物保护单位，2006年被中宣部、国家民委评定为全国民族团结教育基地，2008年，被中宣部评为全国爱国主义教育基地。

→ 党和国家对小叶丹后代的关怀

★★★★★

党和政府没有忘记小叶丹，对他的后代给予了特别的关怀，使他们成长为新一代彝族人的佼佼者。

小叶丹共有四个子女，现都已经去世了。但党和政府对他的后代给予了特别的关怀，特别是在接受教育的问题上，给予了格外的照顾。1992年，当时任国家教委主任的李铁映专门批示要照顾好小叶丹的后代。四川省教委专门拨出6.9万元，由冕宁县文教局保管，作为小叶丹后代的教育费用。在这笔费用的资助下，小叶丹的外甥伍龙、孙子沈建国读完了小学、中学、大学。伍龙毕业于中国人民大学法学院，沈建国毕业于中央民族大学。大学毕业后，沈建国在凉山彝族自治州安监局工作，后来还当上了科长；伍龙大学毕业后在全国人大常委会工作。

小叶丹的孙女果基曲比姆原住在冕宁县大桥镇甸子村，有四个孩子，经济比较困难。为了让她的四个孩子接受良好教育，政府把们全家迁到县城，四个孩子都进了省重点小学城厢小学。还从专款利息中，每年拿出 800 元给果基曲比姆一家作为房租。后来，她的四个子女都考上了大学。

△ 2006年8月12日，当年彝海结盟的后代、刘伯承元帅之子刘太行将军和夫人，在结盟地彝海边与小叶丹孙女曲比姆（右二）一家合影。

后 记

"一步越千年"

　　新中国建立初期，凉山广大彝族地区还处于奴隶制社会历史阶段。社会生产力水平低下，落后的奴隶制度和封建的土司制度，等级森严，家支林立，械斗不断。凉山长期处于封闭、愚昧、落后的状态。1950 年，凉山终于迎来了解放，1952 年10 月，凉山彝族自治区成立（后改为州），1956 年，在中国共产党的领导下，凉山实行民主改革，奴隶得到解放，生产有了发展，民族走向团结，这是凉山历史上开天辟地的大事件，社会主义制度的建立，标志着中国最后一个保存完整的奴隶制度被彻底摧毁，凉山实现了从奴隶制社会到社会主义社会"一步跨千年"的飞跃。1956 年，在中国共产党第八次全国代表大会上，凉山彝族代表以《从奴隶社会向社会主义飞跃》为题的大会发言，受到毛泽东、周恩来等中央领导同志的赞扬，会议代表以长时间雷鸣般的掌声，共同祝贺彝族人民跨时代的伟大进步。

新中国成立60年来，冕宁人民发扬长征精神，传承民族团结、艰苦奋斗的优良传统，各民族携手奋进。一轮甲子过后，政治、经济、城镇建设、社会各项事业等齐头并进，使红色老城散发出了更加蓬勃的生机，呈现出国泰民安、欣欣向荣的欢乐景象。

在冕宁红军文化广场广播里播放着由彝族著名歌唱家曲比阿乌演唱的歌曲《情深谊长》：

> 五彩云霞空中飘，
>
> 天上飞来金丝鸟，
>
> 红军是咱们的亲兄弟，
>
> 长征不怕路途遥。
>
> ……
>
> 索玛花儿一朵朵，
>
> 红军从咱家乡过，
>
> 红军走的是革命路，
>
> 革命的花儿开在咱心窝……

透过优美的旋律，我们仿佛看到了当年红军长征过冕宁时，与当地彝民鱼水亲情的热烈场面：五月里漫山遍野的索玛花丛中，朴实真诚的彝族同胞扶老携幼，抱鸡牵牛，一程又一程地欢送红军，老人们仔细地叮嘱跟着红军北上的儿女，少女们依依不舍地跟自己的恋人挥手道别……亲人红军则喝下了老大爷递来的烈酒，推回了大妈塞来的鸡蛋，把皮衣、枪支、盐巴、布匹等随身物品赠送给了彝族老百姓。

具有光荣革命传统的冕宁各族人民，在长征精神的感召下，在勤劳、智慧、执著的冕宁人民的艰苦奋斗下，红色冕宁必将迎来新一轮发展高潮。

冕宁的未来更美好！凉山的未来一定会更加美好！